D1719554

# Ziegen bringen Glück

*Anne Fleming*

# Ziegen bringen Glück

Aus dem Englischen von Ingo Herzke
Mit Bildern von Philip Waechter

*Für Kate*

1 Es war einmal eine Bergziege, die in New York City lebte. Das Gebäude, auf dem sie lebte, bot eine herrliche Aussicht und viele stabile Vorsprünge und Brüstungen, um hoch über der Metropole zu stehen.

Leider wuchs auf dem Gebäude nicht viel. Nicht viel, was eine Ziege fressen konnte.

Sicher, auf der oberen Brüstung stand jeden Morgen ein Eimer Heu. Und auf der Terrasse des Penthouse wuchsen Zedern und gelegentlich stellten die Leute Blumenkästen nach draußen.

Aber der Eimer war bloß ein Imbiss, die Zedern hatte sie schon bis auf die Rinde abgenagt und Geranien halten auch nicht lange vor für eine Ziege.

Ein oder zwei Hausbewohner pflanzten hartnäckig weiter, fest entschlossen, mit irgendwelchen widerstandsfähigen Gewächsen Erfolg zu haben. Aber schließlich musste sogar Mrs Fenniford-Lysinski ihre Niederlage eingestehen.

Eine Zeit lang schien Weizengras die Lösung zu sein. Es wuchs schneller als alle Pflanzen, die Doris Fenniford-Lysinski jemals untergekommen waren. Aber Doris' Weizengras wuchs nie höher als fünf Zentimeter, und eines Tages fand sie es bis auf die Wurzeln abgeknabbert.

»Wie kann Gras denn rückwärtswachsen?«, fragte Doris ihren Mann Jonathan.

»I ei i«, sagte Jonathan hinter seiner Zeitung.

Doris behielt das Weizengras scharf im Auge, aber nie sah sie irgendwen davon fressen. Das lag daran, dass die Ziege immer wartete, bis Doris auf die Toilette ging, ehe sie das Weizengras mit den Zähnen mähte.

»I e«, antwortete Jonathan, als Doris zurückkam und fragte, wie denn ihr Gras um Himmels willen schon wieder rückwärtswachsen konnte, während sie auf dem Klo war.

»I e« hieß »Ziege«, aber leider konnte Doris Jonathan nicht verstehen, denn Jonathan hatte einen Schlaganfall gehabt, was sein Sprachvermögen einschränkte. Weil er sich Doris nicht verständlich machen konnte, wandte Jonathan sich wieder seiner Zeitung zu.

In Wahrheit freute sich Jonathan zu wissen, dass die Ziege das Weizengras gefressen hatte und dass Doris es nicht wusste. Er hätte es auch aufschreiben können (wie er es zu tun pflegte, wenn er unbedingt mit Doris kommunizieren musste) oder eher in den kleinen Tablet-Computer tippen, den sie ihm gekauft hatte, aber ihm war nicht danach.

Jonathan war in letzter Zeit nach nicht viel.

Eines Morgens zog ein Mädchen namens Kid in das Gebäude. Kid wusste nichts von der Ziege. Wie sollte sie auch? Sie war aus Kanada, genauer gesagt aus Toronto.

»Wir sind in New York!«, sagte Kids Mutter, als ihr Flugzeug gelandet war. »Wo wir jetzt wohnen werden! Sehr kurze Zeit! Weil unser Theaterstück bloß eine Woche laufen wird!«

In Wirklichkeit würden sie mindestens vier Monate bleiben, vielleicht auch sechs – ganz egal, wie erfolgreich das Stück war –, das hing vom Cousin ab.

Der Cousin war ein entfernter Verwandter. Reich, etwas älter, setzte sich gern für vier bis sechs Monate in angenehmere Klimazonen ab. Normalerweise nahm er seinen Hund mit. Aber diesmal reiste er nach England, wo keine Hunde erlaubt waren.

»Was?«, fragte Kid. »In England sind keine Hunde erlaubt?«

»Doch, natürlich«, sagte ihr Vater. »Gassi gehen und alles.« Er ahmte einen berühmten britischen Hundetrainer nach, aus der Zeit, als Kid noch nicht geboren war. »Aber sie müssen unter Quarantäne. Wenn man mit einem Hund nach England ziehen will, muss er ein halbes Jahr in einem Zwinger bleiben.«

Sie kümmerten sich also um den Hund des Cousins. Und ließen Kids Katze zu Hause bei Oma. Was war daran gerecht?

Sie wohnten auch in der Wohnung des Cousins. In der Nähe des Central Park. Und jetzt gerade hielten sie vor dem Gebäude.

Kids Mutter fiel vor Aufregung beinahe in Ohnmacht.

»Sieh mal! Es hat eine Markise über dem Eingang«, rief sie.

Kid sah hin. Ja, ein länglicher grüner Stoffbaldachin streckte sich von der Tür bis zum Bürgersteig. Wow.

»Das ist toll, Lisa«, sagte Kids Vater. »Kannst du das Taxi bezahlen?« Er stieg aus. Kid raffte sich so weit auf, dass sie es auch schaffte.

Es war früh. Sie waren um vier Uhr morgens aufgestanden, um ihren Flieger zu kriegen. Sie war sehr müde.

»Ich bezahle einen Taxifahrer in New York!«, sagte Kids Mutter, dann klappte sie ihr Portemonnaie zu und stieg aus.

Ein Mann mit einer braun-roten Kapitänsmütze und passender Jacke mit Messingknöpfen öffnete die Tür unter der Markise.

»Es gibt einen Portier!«, flüsterte Lisa hörbar. »Portier!«, sagte sie dann mit normaler Stimme. »Hallo!«

»Meine Dame!«, sagte der Portier, als er Kids Vater die Koffer abnahm. »Könnten Sie mir wohl die Tür aufhalten?«

»Ich halte dem Portier die Tür auf!«, sagte Lisa. »In New York!«

Kid war zu müde, um viel mitzubekommen, aber als sie die Augen verdrehte, glaubte sie oben auf dem Dach des Gebäudes etwas verschwommenes Weißes zu sehen, wie eine winzige, tief hängende Wolke.

Die winzige, tief hängende Wolke war die Ziege. Sie war hungrig. Hungrig, hungrig, hungrig.

Direkt gegenüber, gleich *da drüben*, war Futter. Ein ganzes Tal voller Futter. Gras. Blumen. Blätter. Schilf. Baumrinde. Alles Mögliche.

Sie musste nur zum Fuß dieses Hügels gelangen, die klappernde schwarze Klippe hinabsteigen bis zum Boden, um die Ecke biegen, an dem nutzlosen grauen Felsvorsprung entlangbalancieren – wer braucht am Boden einen Vorsprung? – und dann den schwarzen Fluss mit den riesigen rasenden Klumpen überqueren.

Das würde sie jetzt gleich tun. Jawohl. Jawohl, sie war schon dabei. Sie trottete an der Kante der klappernden Klippe entlang. Sie schaute an der Klippe hinunter, dem einzigen Hindernis, das zwischen ihr und dem ganzen Futter lag ...

Abgesehen von dem nutzlosen Vorsprung unten im Tal. Ach ja, und den lauten, baumähnlichen Wesen, die auf diesem Vorsprung herumstreiften. Und natürlich dem Fluss der riesigen rasenden Klumpen.

Wenn sie doch nur endlich der klappernden Klippe trotzen könnte. Der klappernden Klippe und dem nutzlosen Vorsprung und dem Fluss mit den Klumpen.

Könnte sie?

Ja. Sie konnte. Definitiv. Heute. Genau j–

– später. Jetzt musste sie was essen.

Sie sprang im Zick – *klippklapp* – und Zack – *klippklapp* – quer über die Klippe. Das Klappern war, das muss dazugesagt werden, nur ganz leise. Ihre Hufe hatten innen weiche Polster, die jede Landung dämpften. Die lauten, baumartigen Wesen schienen ihre Sprünge gar nicht zu hören.

Aber es war doch ein Klappern. Nach jedem Sprung hielt die Ziege inne und prüfte, ob Gefahr drohte. Sprang weiter. Bog um die Ecke.

Da war er, der Eimer. Voll, sagten ihre Nüstern. Sie trottete näher heran und hielt nach Gefahr Ausschau.

War die Höhlenklappe zu?

Ja. Ja, war sie.

Also gut. Es war sicher. Einigermaßen. Mmh, es roch so gut. Es schmeckte so gut. Essen war so gut. So, so gut. So, so ...

Alle. Der Eimer war leer.

Zeit, mal nach dem Gras zu schauen. Das Gras war um die Ecke und einen Vorsprung tiefer.

War es nachgewachsen? Ja?

Nein, war es nicht.

Wieder hinauf aufs Dach. Auf dem Vorsprung entlang. Zurück zu den Zedern. Auf die Hinterhufe.

Kam sie dran? Kam sie nicht. Sie musste springen. Springen und beißen. Springen und beißen.

Die nächste Stunde verbrachte sie damit, an der Zeder hochzuspringen. Jeder Sprung weckte eine winzige Erinnerung tief in ihr drinnen: an Herumtollen, an ihre früheste Kindheit mit ihrer Mutter am Abhang.

Eines Tages würde sie wieder herumtollen. Eines Tages. Wenn ihr Magen voll war. Wenn sie in Sicherheit war.

Einigermaßen. Ganz sicher war man nie.

Da kam das freundliche wolfsartige Wesen mit den weichen Pfoten.

*Guten Morgen. Pinkeln macht Spaß, nicht wahr?*

Das freundliche wolfsartige Wesen mit den weichen Pfoten war ein Blindenführhund, ein gelber Labrador namens Michigan. Michigan ging von der Penthouse-Terrasse durch die Hundeklappe zurück in die Wohnung und rieb seine Nase an der Hand seines Herrchens.

»Was ist das für ein Geräusch, Michigan?«, fragte sein Herrchen Joff. »Dieses hufartige Geräusch. Als hätten die Tauben Holzschuhe an. Holzschuhe mit Filzsohlen.«

Michigan wedelte mit dem Schwanz. Er wusste, dass es eine Ziege war. Michigan und die Ziege waren Freunde. Aber Michigan hatte keine Möglichkeit, Joff davon zu erzählen.

»Ich komme nicht gut voran, Michigan«, sagte Joff.

Er arbeitete an einem Roman, der total anders werden würde als seine vorherigen Bücher. Keine Drachen. Keine Samurai. *Die Platten von Barifna* hieß der Roman. Joff arbeitete jede Nacht von eins bis sieben Uhr oder bis er zweitausend Wörter geschrieben hatte – je nachdem, was zuerst eintrat.

Jetzt war es fünf vor sieben.

Er hatte sechsunddreißig Wörter geschrieben.

Die Platten von Barifna waren keine Schallplatten und auch

keine kalten Platten, sondern tektonische Platten. Barifna war ein Planet, dessen Kern sich stark erwärmte, sodass die Kontinentalplatten sich viel schneller bewegten, als sie es auf der Erde tun, und innerhalb von ein oder zwei Monaten krachend Gebirge auftürmten. Ständig brachen irgendwo an den Subduktionszonen Vulkane aus.

Barifna war ein glücklicher Planet gewesen, bis er von einem menschenähnlichen Volk ausgebeutet wurde. Es hatte ihn wie ein riesengroßes Bergwerk behandelt und das Erz abgebaut, das die Wesen als Antrieb für ihre interplanetarischen Reisen mit Warpgeschwindigkeit brauchten. Jetzt nahm der Planet Rache. Die Leute begriffen nicht, dass Barifna ein fühlender Planet in einer Galaxie fühlender Planeten war, aber am Ende des Buches würden sie es verstehen. Sie würden erkennen, dass sie in Wirklichkeit Parasiten waren und dass es nicht im Interesse der Parasiten liegen kann, ihren Wirt umzubringen.

Seine Hauptfigur Martin –

Was *war* das für ein Geräusch?

Joff ging mit Michigan bei Fuß auf die Terrasse hinaus. Die feuchte Luft benetzte seine Wangen.

War das ein Schnauben?

»Wer ist da?«, fragte er, obwohl er eigentlich nicht glaubte, dass jemand da war. Aber irgendwas *hatte* eine Art Klappergeräusch gemacht. Irgendwas *hatte* geschnaubt.

War das Atmen, was er da außer seinem eigenen und Michigans hörte? Er konnte es nicht sagen.

Er hörte Tauben gurren, Rufe von der Straße zwölf Stockwerke tiefer. Das Scheppern von Lastwagenklappen, die sich öffneten. Die Räder von geschobenen Handwagen.

»Spiderman mit Clogs? Clogman? Superman mit Erkältung und Bleifüßen?«

Er rieb sich mit der Hand übers Gesicht und fühlte die Stoppeln am Kinn.

»Vielleicht brauche ich bloß ein bisschen Schlaf.«

Sein Computer piepte ihn an. Sieben Uhr. Er ächzte.

»Na gut«, sagte er. »Ich lege mich schlafen. Ich werde schlafen, und heute Nacht kriege ich es hin. Ich setze mich hin, tipp-tipp-tipp-tipp-tipp, und zweitausend Wörter erscheinen wie von Zauberhand. Ich kriege es gebacken.«

Er putzte sich die Zähne, wusch sich das Gesicht, steckte seine Ohrstöpsel ein, fiel ins Bett und dann in einen tiefen Schlaf.

Drei Stockwerke tiefer wachte Jonathan in Wohnung 908 auf. Er öffnete das linke Auge. Das rechte blieb halb zu.

Wieder ein Tag. Grummel. Doris war im Bad und sang. Sie hatte die Kaffeemaschine angeschaltet. Das konnte er riechen. In einer Sekunde würde sie reinkommen.

*Guten Morgen*, würde sie fröhlich sagen und die Bettdecke wegreißen wie eine übermütige Krankenschwester. *Dann wollen wir die Glieder mal in Bewegung bringen!*

Da kam sie schon. Ihre weißen Haare waren ordentlich gebürstet, ihr Halstuch ordentlich geknotet. Meine Güte, sie sah aus wie eine Stewardess!

»Guten Morgen«, sagte sie fröhlich. Sie riss ihm die Bettdecke weg. »Dann wollen wir die Glieder mal in Bewegung bringen!«

Jonathan stöhnte. Sie hob sein rechtes Bein an und bewegte es so, dass sein Knie gebeugt und dann wieder gestreckt wurde, gebeugt und gestreckt, gebeugt und gestreckt.

»Jetzt du«, rief sie.

*Ich kann dich hören*, schäumte er im Kopf.

Er hob sein Bein fünf Zentimeter vom Bett hoch und ließ es dann wieder fallen.

»Noch mal. Linkes Bein. Na, komm schon«, rief Doris.

Heben. Fallen lassen. Bäh.

»Arm«, rief Doris. »Komm, Jonathan.«

*Lass mich in Ruhe.*

Sie rang mit seinem Arm und nahm seine telepathische Botschaft überhaupt nicht wahr – und wenn doch, dann ignorierte sie seine Aufforderung.

»So, und jetzt hoch mit dir.« Doris half Jonathan, sich aufzusetzen. Sie brachte seinen Rollator ans Bett, half ihm beim Aufstehen, half ihm in seinen Morgenmantel und ließ ihn ins Badezimmer tappen.

Immerhin durfte er inzwischen alleine pinkeln. Jonathan erledigte das, wusch sich und schlurfte grummelnd zum Frühstückstisch.

»Heb die Füße, Liebling«, sagte Doris. »Versuch es wenigstens.«

Jonathan blickte finster.

»Ich habe dir einen herrlichen heißen Haferbrei gemacht.«

Und so ging es weiter. Gnadenlose Fröhlichkeit. Maximale Anstrengung für minimale Bewegung. Ganze Helfertruppen marschierten in die Wohnung und wieder hinaus, um »ihn bei der Genesung zu unterstützen«. Physiotherapeuten, Beschäftigungstherapeuten, Massagetherapeuten, Sprachtherapeuten. Alle irre gut drauf, alle Berufsoptimisten.

Und er konnte nichts dagegen machen, nicht mal Doris auffordern, die Klappe zu halten.

»Welchen Geschmack soll dein Weizengrassaft heute haben? Banane-Erdbeer? Kiwi-Limette? Heidelbeere?«

*Erbrochener Essig*, dachte Jonathan.

»Ich weiß, du magst ihn nicht, mein Lieber, aber er wirkt Wunder! Das ganze Chlorophyll!«

*Ich bin doch keine Pflanze. Du bist schon wieder auf einen blöden Gesundheitstrend reingefallen.*

Nachdem Doris ihm seinen erbrochenen Essig serviert hatte, holte sie das Weizengras wieder herein.

»Die Tauben fressen das bestimmt nicht«, sagte sie. »Aber was kann es sonst sein? So weit nach oben kommen doch keine Ratten, oder?«

Jonathan antwortete nicht.

»Jonathan, ich wünschte, du würdest mit mir reden«, sagte Doris.

»I a i«, rief er.

»Sei nicht albern«, sagte sie. »Natürlich kannst du.«

Zwei Stockwerke weiter oben, in der Wohnung 1103, summte
Kenneth P. Gill während seiner morgendlichen Erledigun-
gen vor sich hin. Er holte den leeren Heueimer von der Brüstung herein und ließ das Fenster offen, nur zur Sicherheit. Er
duschte, rasierte sich, zog sein ordentlich gebügeltes Hemd und
seinen gut sitzenden Anzug an, dazu seine schicken Schuhe. Er
rief seine Mutter an, schickte eine Mail an seine Ex-Frau, ver-
abredete sich mit Freunden zum Abendessen und versuchte,
nicht allzu viel an die Ziege zu denken.

*Ziege?*, sagte er zu sich selbst. *Welche Ziege?*

2 Unten im Foyer streckte ein großer Mann, neben dem ein weißer Hund mit mächtigem Kopf stand, Kids Vater beide Hände entgegen.

»Bobby!«, rief er aus und legte Kids Vater die Hände an die Wangen, als wäre der ein zehnjähriger Junge. »Sieh mal an, wie groß du geworden bist. Als ich dich das letzte Mal gesehen habe, warst du so groß wie dieses Kind!«

Er schlenkerte den Kopf von Kids Vater zwischen den Händen hin und her. »Hallo! Willkommen!«

»Ich bin Doug«, sagte er zu Kid und deren Mutter. Kid tat extra müde, damit es nicht so aussah, als sei sie vor Schüchternheit erstarrt. Doug schaute auf seinen Hund. »Das ist Cat.«

*Cat?* Kid hatte ihre echte, richtige Katze zu Hause gelassen, um sich hier um einen Hund mit großer Nase und winzigen Äuglein zu kümmern, der »Katze« hieß?

Cat wedelte mit dem Schwanz.

»Das ist Lisa«, sagte Kids Vater. »Und das ist Kid.«

Doug schüttelte Kid die Hand. Seine war groß und warm,

und wie sein Gesicht, das auf sie herablächelte, strahlte sie Wohlwollen aus. Ihr Blick reichte jedoch nur bis zu seinen Ohren. So war das immer, wenn sie neue Leute kennenlernte.

»Doug und Cat?«, fragte Kids Mutter und zog ungläubig die Augenbrauen hoch.

»Kid?«, fragte Doug mit dem gleichen Gesichtsausdruck.

Nach einer kurzen Pause bewegten beide die Schultern auf eine Art, die *Ich mag dich* bedeutete.

»Ich bin so erleichtert«, sagte Doug im Fahrstuhl. »Ich *dachte* mir schon, dass du dich nicht verändert hättest, aber man kann ja nie wissen. Ich könnte Cat schließlich nicht in jedermanns Obhut lassen.«

Die Fahrstuhltüren gingen auf.

»Ihr richtiger, voller Name lautet Lady Catherine, aber wir haben sie immer Cat genannt, stimmts?«, sagte Doug und kraulte Cats Lefzen. »Jawohl, das haben wir.«

Kid hielt die Augen offen, ob noch jemand auftauchen und das »wir« erklären würde, aber in der Wohnung gab es nur eine sehr kleine Küche, ein Wohnzimmer mit Essecke, ein kleines Schlafzimmer und noch ein winziges Zimmer mit Schreibtisch und Klappbett, das in der Wand verschwand – von weiteren Menschen keine Spur.

»Cat ist natürlich der beste Hund der Welt«, fuhr er fort. »Aber das werdet ihr schon selbst merken. Ich lasse euch das Buch *Alles über Cat* hier.« Er zeigte ihnen ein Buch mit festem Einband, das er selbst zusammengestellt hatte, und erklärte ihnen, was darin stand: welches Futter sie mochte, wann sie es gern hätte, wo sie es zu sich nahm, wo sie im Park gern Gassi ging und so weiter.

Kid ließ sich auf das Sofa fallen. Cat sprang ebenfalls hinauf, drehte sich zweimal im Kreis, rollte sich neben ihr zusammen und legte das Kinn auf Kids Bein.

Na gut. Vielleicht war sie süß. Aber sie war *nicht* der beste Hund der Welt. Der beste Hund der Welt war eine Katze.

Moment mal. Das war doch beinahe genau das, was Doug gesagt hatte. Witzig.

Kid schlief ein.

Sie schlief bis zwei Uhr nachmittags und wachte hungrig auf. Jemand hatte sie zugedeckt.

Wo war sie?

Ah. New York. Mit Cat. Dem Hund. Der so warm war. Mhm. Man konnte die Haut durch ihr Fell sehen. Bei vielen Tieren wäre das eklig. Bei Cat nicht. Bei ihr war es perfekt. Ihre Augen schienen außerdem vollstes Verständnis auszudrücken. Als wollten sie sagen: *Es tut mir leid, dass du deine Katze nicht mitbringen konntest.*

Kid stellte fest, dass sie ihr schon verziehen hatte. Kid würde einfach nicht an Flohkissen denken. Würde sie nicht.

So.

Von der Straße drangen schwache Geräusche herauf – Autohupen, Motoren, ein- oder zweimal Klappern und Knallen, das Zischen von Reifen auf nasser Straße. Am Fenster machte der Regen *plitsch-platsch*. Die Wohnung selbst war still.

Ihre Eltern mussten wohl auch schlafen. Ja, da kam ein leiser Schnarcher von ihrem Vater, ein Seufzer von ihrer Mutter. Sie tappte den kurzen Flur entlang – acht Schritte – und linste in das kleine Schlafzimmer. Sie lagen angezogen auf dem Bett, ihr Vater mit offenem Mund auf dem Rücken, ihre Mutter zusammengerollt auf der Seite.

Kid seufzte. Die beiden waren so aufgeregt wegen New York. Ständig versuchten sie ihr zu erklären, warum es so viel besser war als Toronto.

Sie war nicht überzeugt.

Aber jetzt war sie hier, in diesem aufgeräumten, aber vollen Wohnzimmer mit den hohen, dunklen Bücherregalen, Sesseln, Beistelltischen voller Kunstbücher und einem Hund auf dem Sofa.

Es war okay, gehörte aber jemand anderem. Es roch anders. Nach Bleistiften.

Aus den beiden Fenstern schaute man über eine breite, belebte Straße auf den Central Park, der im Septemberregen ganz grau und diesig war, die Baumkronen silbrig verhangen.

Auf dem Esstisch lag Dougs Buch *Alles über Cat*. Es war eigentlich ein Skizzenbuch, vorne drauf ein Bild von Cat in Tinte und Wasserfarben, zusammengerollt auf dem Sofa, genau wie jetzt.

Doug war ein guter Maler. Kid schlug das Buch auf.

Unter einer weiteren Zeichnung von Cat – diesmal breitbeinig stehend wie eine Bulldogge, den Kopf schräg gelegt – stand zur Begrüßung: *Ich heiße Lady Catherine. Aber du kannst mich Cat nennen.*

20

*Kennst du die wichtigen Dinge im Leben?*

Alle wichtigen Dinge waren illustriert.

*Futter.* Hier war ein Futternapf zu sehen.

*Schlaf.* Cat in drei verschiedenen Schlafpositionen.

*Spaziergänge.* Cat und Doug von hinten auf einem Waldweg.

*Ratten.* Eine Ratte von oben, die vor Cat davonlief.

*Singen.* Cat und Doug beim Singen.

Singen?

*Menschen.* Drei Menschen, die auf einer Parkbank sitzen, und Cat, die auf sie zuläuft.

*Dinge, die Ratten ähneln.* Ein Tennisball.

*Und so verbringe ich gern meinen Tag:*

*Es ist sehr wichtig, dass ich schööön früh aufstehe und alle anderen in der Wohnung mit aufwecke, damit wir rausgehen und Ratten jagen können. Rattenersatz tuts auch. Dann können wir wieder nach Hause gehen und schlafen. Wenn du siehst, wie viel ich nach der Heimkehr schlafe, meinst du vielleicht, dass ich genauso gut vor dem Ausflug schlafen könnte. Kann ich nicht. Es ist wichtig, für kurze Zeitspannen richtig energiegeladen und wach zu sein. Das macht den Schlaf danach sooo viel besser. Und im Laufe des Tages ist ein zweiter Spaziergang ganz schön.*

*Dies ist meine Decke.*

*Das sind meine Freunde.* Das stand auf einer Doppelseite, auf der ungefähr ein Dutzend kleiner Kreise Szenen mit Cats Freunden zeigten.

Cat hatte mehr Freunde als Kid.

*Diese Orte besuche ich gern.* Dazu gehörte eine Karte, die in

Kid den Wunsch weckte, auf Erkundungstour zu gehen. Jeder Ort wurde besser, wenn es eine Karte gab.

Ihr Vater kam aus dem Schlafzimmer, und gähnte.

»Ich schau dir in die Augen, Kleines«, sagte er wie immer.

»Nein, ich dir«, sagte Kid.

»Nein, ich *dir*.«

»*Dir*.« Früher hatte dieser Dialog immer mit Kitzeln geendet, und manchmal war es immer noch so.

Aber heute dehnte sich ihr Vater nur und machte eine ausladende Geste.

»Ganz hübsch hier, oder?«

»Ist okay.«

Ihr Vater ahmte sie nach. »›Ist okay.‹ Komm schon. Es ist fantastisch!«

»Irgendwie ziemlich klein.«

»Für Manhattan ist das riesig.«

»Ist Doug weg?«

»Doug ist weg. Wie gefällt dir Cat?«

»Ich mag Cat.« Das konnte sie von ganzem Herzen sagen. Es hatte keinen Zweck, wieder von Flohkissen anzufangen.

Beim Klang ihres Namens drehte Cat den Kopf hin und her und lauschte.

»Moms Stück wird toll, oder?«

»Das weißt du doch.«

Cat legte den Kopf wieder hin.

»Wieso sagt sie dann immer: *Aaach! In zwei Wochen wird es sowieso abgesetzt?*«

22

»Aberglaube. Sie hat Angst, dass es Pech bringt, wenn sie zu optimistisch ist. Aber es ist auch eine große Sache, ein Theaterstück in New York auf die Bühne zu bringen. Eine Riesensache. Also, richtig riesig.«

»Wünschst du dir manchmal, du würdest auch mitspielen?«

»Nein. Das Leben vermisse ich nicht.«

»Aber du wirst doch selbst an einem Stück arbeiten.«

»Beim Schauspielen habe ich mich nie richtig wohlgefühlt. Na ja, das geht wohl allen so. Aber manche Leute *mögen* diese Art von Unwohlsein. Sie spüren es am ganzen Körper. So ein Prickeln. Als ob sie lebendiger wären. Das habe ich nie gefühlt. Und irgendwer muss ja das Geld verdienen. Und ich unterrichte gern Mathe.«

»Du hast immer gesagt, du kannst es nicht ausstehen.«

»Mathe an sich ist herrlich. Die Schüler an der Highschool sind das Problem. Aber selbst die sind nicht so schlimm. Ich habe ich mir immer gesagt, irgendwann würde ich mich wieder an das Stück setzen, an dem ich gearbeitet habe, und es zu Ende schreiben. Und das tue ich jetzt.«

»Worum geht es in dem Stück?«

»Es geht ... ähm ... na ja, es geht um ... äh ... um zwei Freunde. So in etwa. Oder Brüder. Und ihre Familien. Und um einen Unfall. Ich möchte eigentlich nicht darüber reden.«

»Er weiß nicht, worum es geht«, sagte Kids Mutter nüchtern. Sie kam aus dem Schlafzimmer und band sich die Haare im Nacken zusammen.

»Ich weiß genau, worum es geht. Ich will bloß nicht darüber reden.«

»Ach, hallo, Mom.«

»Ich schau dir in die Augen, Kleines.«

»Nein, ich *dir*.«

»Gehen wir ein bisschen im Park spazieren.« Lisa machte eine dramatische Pause. »Ein Spaziergang im Central Park!«

Kid schüttelte den Kopf. Ihre Eltern. Mannomann.

Als sie so weit ausgepackt hatten, dass sie ihre Regenjacken finden konnten, hatte es aufgehört zu regnen.

Im Foyer stand ein anderer Portier in der gleichen Uniform.

»Doug hat mir von euch erzählt«, sagte er. »Willkommen in New York. Ich bin Julio.«

»Bobby«, sagte Kids Vater. »Ich meine, Bob.«

»Lisa«, sagte Kids Mutter.

Kid schaute Julios Schulter an. Wieder wollten ihre Augen nicht weiter. Ihr Herz schlug schnell. *Bloß weg hier!*, sagte es.

»Und das ist Kid.«

Kid öffnete den Mund, als würde sie »Hi« sagen, doch es kam kein Ton heraus.

Der Fahrstuhl machte *Ping*. Eine ältere Frau in einem modischen Kostüm kam heraus und spielte verrückt, als sie Cat sah. Sie war gar nicht der Typ dafür, sich einem Hund gegenüber so albern zu benehmen, aber sie tat es – wackelte mit dem Hintern und tippte Cat auf die Nase und kraulte sie unterm Kinn.

»Na, wer ist denn das entzückende hässliche Entlein?«

Wieder folgte eine Vorstellungsrunde. Wieder schaute Kid

eine Schulter an. Diese hatte Schulterpolster und goldene Knöpfe.

Der Fahrstuhl pingte noch mal. Ein junger Mann trat heraus, in der einen Hand das Geschirr eines Blindenführhundes, in der anderen ein Skateboard.

»Sieh mal, Cat, da ist Michigan«, sagte die schicke Dame. Cat wedelte mit dem Schwanz. Michigan ebenfalls.

»Hi, Mrs Grbcz«, sagte der Typ mit dem Skateboard.

»Guten Tag, Mr Vanderlinden«, sagte Mrs Grbcz.

»Hi, Doug«, sagte er dann.

»Ich bin nicht Doug«, sagte Bobby. »Ich bin —«

Aber der Mann mit dem Skateboard hatte das Foyer schon durchquert und ging durch die Tür, die Julio ihm aufhielt.

»Danke, Julio.« Der Mann wandte sich nach rechts, ließ sein Skateboard auf das Pflaster fallen, sprang auf und rollte davon, während Michigan an seiner Seite Schritt hielt.

»Ähm«, sagte Kids Mutter, »war das gerade ein blinder Skater?«

»Das war nicht irgendein blinder Skater«, sagte Mrs Grbcz. »Das war Joff Vanderlinden.«

Wenn Joffs Füße auf einem Skateboard standen, war es wie auf einem fliegenden Teppich. Wie die gesamte Geschichte der Menschheit und des Rades. Es ging darum, das Pflaster zu kennen. Er spürte es in den Zehen, den Fußmuskeln, den

Wadenmuskeln – in den ganzen Beinen. Er fuhr mit gebeugten Knien, immer auf einen Hinweis von Michigan gefasst, nach links oder rechts auszuweichen oder für ältere Menschen abzubremsen. Wenn er auf dem Skateboard stand, fiel ihm wieder ein, dass sein ganzer Körper lebendig war, beweglich, bereit, fähig. Sein Puls stieg in die Höhe und flog wie ein Vogel.

Joff war in zweierlei Hinsicht ein Wunderkind gewesen. Zuerst war er das blinde Skateboard-Wunderkind. Angefangen hatte es im Hobbyraum seiner Eltern im ländlichen Michigan, wo er als Kleinkind auf dem Skateboard seiner Schwester saß wie auf einem Laufrad.

Später stand er darauf. Er brachte sich bei, mit einem Flip zu wenden. Seine Schwester lehnte Sofakissen an die Wand, damit er sich nicht verletzte. Als sie größer wurden, nahm seine Schwester ihn mit auf den Schulhof, wo er auf dem Pflaster hin und her fuhr. Es war Wahnsinn, so weit fahren zu können, ohne umdrehen zu müssen. Und genauso irre, richtige Kurven fahren zu können.

Nach und nach bauten sie kleine Ramps. Es wurde richtiger Sport im Viertel, dem blinden Jungen beim Skaten zu helfen. Die Lokalnachrichten bekamen Wind davon und eine Zeit lang war er berühmt. Es gab immer noch Videos davon auf YouTube.

Als Teenager wurde er dann zum Fantasy-Wunderkind. Er hatte einen Bestseller geschrieben, der allerdings, wenn er ehrlich war, nur ein billiger Abklatsch aller Bücher war, die er bis dahin gelesen hatte. Aber er war trotzdem stolz auf seinen mürrischen kleinen Dschinn und den sanften, opferbereiten Jungen, ganz zu schweigen von den bösartigen Schlangenmenschen, welche die Mächte des Guten zu stürzen drohten. Er schickte das Manuskript an einen Agenten, der es an einen Verlag schickte, und der wiederum veröffentlichte es. Die Leute mochten sein Buch. Es verkaufte sich. Er schrieb noch eins. Und noch eins.

Er glaubte, dass er einfach nur Glück hatte. Obwohl er in den letzten zwei Jahren acht namenlose Romane angefangen und wieder aufgegeben hatte. Obwohl die Miete für sein Penthouse einen immer größeren Anteil seiner Einkünfte verschlang.

Skaten war Medizin gegen alles. Er liebte die Bewegung unter den Füßen, die Unsicherheit, die ständige Reaktionsbereitschaft, das *Roll-Roll-Roll-Klack* der Bürgersteigfugen und Risse, die Rufe der Leute, die ihm aus dem Weg sprangen und fluchten, das Kratzen von Michigans Krallen auf dem Pflaster, der leichte Druck nach hier oder dort, wenn der Hund ihm *links, rechts, langsamer, halt, weiter* zu verstehen gab.

Im Schach allerdings war er kein Wunderkind. Er spielte es bloß sehr gerne.

Dass man am Washington Square Park war, merkte man nicht nur, weil die Fifth Avenue dort endete, sondern weil er anders klang und anders roch. Kein Verkehrslärm, der von den Gebäuden widerhallte, keine Abgase, stattdessen singende Vögel, rufende Menschen, ein Trio, das Jazz spielte, Kinderfüße auf Asphalt, das fröhliche Gegacker der Schachspieler, das *Plock* der Blitzschachuhren, wenn die Spieler ihren Zug gemacht hatten, der Geruch von vertrocknendem Gras, Zigarettenrauch, von Popcorn und Zwiebeln und den Hotdogs der Imbissstände.

Joff rollte zu den Schachtischen, hielt an und flippte das Board hoch in seine Hand.

»Yo, Joff«, sagte Chili. »Was machen die Mastodonten?«

»Chili, bleib mal dran, Mann«, sagte Ginger. »Das Buch schreibt er doch gar nicht mehr. Die Mastodonten sind Geschichte.«

»Ginger, du bist echt ein Witzbold«, sagte Mikael.

»Jetzt gehts um Verwerfung. Stimmts, Joff? Der Planet, der tektonische Rache nimmt?«

»Haargenau, Ginger. Wer ist frei für eine Partie?«

Er setzte sich zu Chili, sank in den Rhythmus des Spiels und spürte, wie er langsam runterkam. Er verlor zwei Partien und spielte einmal Remis, dann verließ er den Tisch, damit Chili um Geld spielen konnte.

Ein Kind forderte Joff zu einer Partie auf und versuchte zu schummeln.

»Dein Ernst, Junge? Ich hab alle Positionen hier drin«, sagte Joff und tippte sich an den Kopf. »Den Zug kannst du nicht gemacht haben. Da stand dein Springer nicht.«

»Miles!«, ermahnte ihn seine Mutter.

»Versuch nicht, den Blinden zu betrügen, Kumpel«, sagte Chili.

»Okay, tut mir leid.« Der Junge wollte weiterspielen, aber Joff hatte eine Regel.

»Das wars, Junge. *Game over*.«

Als er den Jungen endlich losgeworden war, wollte er den Tisch schon verlassen, um pinkeln zu gehen, sich ein Fladenbrot und eine Kräuterlimo zu holen – in dieser Reihenfolge –, als jemand Neues ihn zum Spielen aufforderte.

Jemand Weibliches mit einer runden, vollen Stimme. Eine Stimme wie ein Brunnen.

»Wollen Sie noch eine Partie spielen? Ich bin Mara.«

»Mara? Joff.«

»Joff?«, fragte Mara nach.

»Nein, Joff.«

»Haben wir da nicht das Gleiche gesagt?«

»Weiß nicht. Ist das so?«

»Ich glaube schon.«

»Entschuldigung. Die meisten Leute glauben, ich hätte Jeff gesagt. Und dann sage ich ›Nein, Joff‹, und dann sagen sie ›Joff?‹, und ich sage ›Joff‹, und dann fragen sie ›Wovon ist das denn die Abkürzung?‹«

»Und was sagen Sie dann?«

»Nichts.«

»Sagen Sie das Wort ›nichts‹? Oder sitzen Sie einfach stumm da?«

»Ich sage das Wort. Joff ist keine Abkürzung. Es ist Holländisch. Müsste auch eigentlich Yoff und nicht Dschoff ausgesprochen werden. Ich bin in den Niederlanden geboren. Meine Mutter kommt aus Malaysia, ist aber mit drei Jahren in die Niederlande gezogen.«

»Und wer ist der gelbe Bursche da?«

»Das ist Michigan.«

»Komischer Name für einen Hund. Ja«, ihre Stimmlage änderte sich zum typischen Hundesäuseln, »das ist aber ein komischer Name für einen Hund.« Zurück zum normalen Tonfall. »Spielen wir?«

»Klar.«

»E4.« Mara sagte ihren Zug an und schlug auf die Schachuhr. *Plock.*

»Was ist denn kein komischer Name für einen Hund?«, fragte Joff. »E5.« *Plock.*

»Keine Ahnung. Schnurri. Springer f3.« *Plock.* »Kläffer. Jeff. Joff.«

»Springer c6.« *Plock.* »Schnurri ist total ...«

»Läufer b5.« *Plock.*

»... der Katzenname.«

»Fiffi. Beißer. A6.« *Plock.*

Mara schlug Joff in der ersten Partie. Und in der zweiten. Und der dritten.

»Bin ich froh, dass ich nie um Geld spiele«, sagte Joff.

»Da wünschte ich doch, ich hätte es gemacht«, sagte Mara.

»Ach ja? Machen Sie das manchmal?«

»Oh ja. Auf jeden Fall lege ich das Geld auf den Tisch, wenn ein Typ denkt, ich sei ein leichtes Opfer.«

»Woher wissen Sie denn, dass die das denken?«

»Glauben Sie mir, das merkt man.«

»Ja, aber woran?«

»Unterschiedlich. Ein Grinsen. Ein Tonfall. ›Stecken Sie Ihr Geld weg, Fräulein. Ich will Ihnen kein Geld abknöpfen.‹«

»Und was sagen Sie dann?«

»Das kannst du gern mal versuchen, Cowboy.«

Später, auf dem Heimweg, merkte Joff, dass er lächelte. Er rief sich in Erinnerung, was Mara gesagt hatte und wie sie es gesagt hatte.

Vor allem, wie sie »Cowboy« gesagt hatte.

Natürlich war es Joff Vanderlinden. Wer sollte der blinde Skater sonst sein? Kid hatte seine Drachenbücher gelesen. Sie hatte seine Skateboard-Videos mit ihrem Vater angeschaut. Und nun stand er an der Straßenecke und wartete, dass die Ampel grün wurde. Jetzt fuhr er los, die Central Park West hinunter.

Wow. Okay. Vielleicht war New York doch ein klein bisschen aufregend.

Der Park roch nach Schlamm und verrottendem Laub und frischem Regen. Cat hechelte fröhlich. Kid las Dougs Karte.

»Das hier ist einer der Plätze, wo Cat manchmal Ratten fängt, wenn man sie von der Leine lässt.«

»Dann wollen wir sie lieber nicht von der Leine lassen«, sagte Bobby.

In Dougs Notizen stand, dass in der Hundetasche OP-Handschuhe steckten, mit denen man die Ratten aufheben und entsorgen konnte.

»Ich werde keine toten Ratten aufheben«, sagte Bobby.

»Wir werden Ratten aufheben! In New York City!«, sagte Lisa.

Kid hielt Cats Leine. Lisa und Bobby hielten Händchen. Sie schwangen ihre Hände vor und zurück. Ab und zu machte Lisa einen fröhlichen kleinen Hüpfer.

»Ich kann nicht fassen, dass wir hier sind«, sagte sie. »Ich fasse es nicht, dass das alles wirklich passiert.«

»Du spielst in einem Theaterstück Off-Broadway«, sagte Bobby und versetzte ihr einen Hüftstoß.

»Ich spiele in einem Theaterstück Off-Broadway«, wiederholte Lisa. Sie hüpfte erneut. »Wer hätts gedacht?«

Kids Mutter träumte schon von einem Auftritt am Broadway – oder zumindest in der Nähe –, seit sie »eine Achtjährige mit schiefen Zähnen und Storchenbeinen« war, die im Wohnzimmer *Sweeney Todd* aufführte.

»Ich hätts gedacht«, sagte Kid.

Lisa hatte eine tolle, frische Stimme und war eine Meisterin der Situationskomik, aber das war nicht die Hauptsache. Sondern dass man an sie *glaubte*. Selbst ihr eigenes Kind fing im Zuschauerraum an zu glauben, dass sie die Figur *war*, die sie spielte. In diesem Fall war ihre Figur gar nicht so weit weg von ihrem Alltags-Ich. Sie spielte eine zu Ängsten neigende, feministische Mutter, die sich Sorgen machte, dass ihr Kind beim Fußballspielen die falsche Art von Konkurrenzdenken und Aggression lernen würde.

»Danke, Kid. Du bist ein Schatz.«

32

Lisa streckte ihre freie Hand nach Kid aus, sodass sie sich alle drei an den Händen hielten. Und dann fingen sie an zu hüpfen.

Hüpfen führt zu einer erstaunlichen Rückkopplung. Man hüpft, wenn man glücklich ist, und selbst wenn man nur absichtlich albern sein will, macht einen Hüpfen noch glücklicher und man will noch mehr hüpfen. Wenn man dann irgendwann wieder aufhört, muss man fast immer lachen.

Sie verfielen in den ganz speziellen Hüpf-Rhythmus von Dorothy, dem Zinnmann, der Vogelscheuche und dem mutlosen Löwen, als die vier im *Zauberer von Oz* ihr Lied *We're Off to See the Wizard* sangen. Und weil sie so hüpften wie auf dem Weg zum Zauberer, mussten Kid, Bobby und Lisa natürlich auch singen.

»*Because, because, because, because, be-CAUSE*«, schmetterten sie.

Und beim letzten Ton hörten sie etwas Seltsames.

Cat. Sie sang mit.

»Awuuuuuh«, sang sie.

»*Because of the wonderful things he does.*«

Vielleicht starrten die Leute sie an. Das war egal. Kid war in der Familienblase.

Schließlich spazierten sie wieder ganz entspannt durch den feuchten Wald.

Etwas später kam eine ältere Frau auf sie zu gejoggt.

»Hallo, Cat«, sagte sie freundlich zu Cat.

Dann wurde sie langsamer, lief auf der Stelle und richtete eine Frage an Kid.

»Wo ist Doug?«, fragte sie.

Plopp! Die Familienblase platzte. Kids Gesicht wurde heiß, ihr Blick starr, ihr Kiefer steif, ihre Zunge gelähmt, wie immer, wenn Fremde ihr eine Frage stellten.

Sie wollte antworten. Doch die Worte flohen aus ihrem Kopf. Das Herz steckte ihr im Hals fest. *Bloß weg hier!*

Die Frau drehte sich und lief rückwärts und wartete immer noch auf eine Antwort.

»England!«, sagte Lisa an Kids Stelle. »England. Doug ist in England.«

Die Frau nickte, drehte sich um und lief weiter.

»He, die habe ich erkannt, sie steht in *Alles über Cat*«, sagte Bobby. »Das ist die Großmutter, die seit dreizehn Jahren jedes Jahr beim New-York-Marathon mitläuft.«

»Kannst du die Leine nehmen?«, fragte Kid Lisa. »Bitte.«

»Du kannst das«, sagte Lisa. »Das weiß ich. Du kannst antworten, wenn Leute dich was fragen. Komm, wir üben das, okay? Wo ist Doug?«

»Mit dir ist es was anderes«, sagte Kid.

»Weiß ich«, sagte Lisa. »Aber die Antwort liegt dir schneller auf der Zunge, wenn du geübt hast.« Sie änderte ihren Tonfall und schlüpfte in die Rolle eines Kaugummi kauenden New Yorkers. »Wo steckt Doug?«

»England«, grummelte Kid.

Als Nächstes versuchte ihre Mutter wie ein rappender Teenager zu klingen. »Yo, wo is Doug, Digga? Wo is Doug, der alte Sack?«

»England«, sagte Kid lauter.

Jetzt eine Oma, die seit sechzig Jahren Kette raucht. »Wo ist Doug?« Sie tat so, als würde sie einen Tabakkrümel einer selbst gedrehten Zigarette von der Lippe pulen.

»England!«, riefen Bobby und Kid gemeinsam.

»Na gut, Leute«, sagte die rauchende Oma. »Ich glaub, wir haben hier ein Mädchen, das antworten kann.«

Ein Stück weiter begrüßte ein älterer Herr mit regenbogenbunter Kippa Cat so, wie Doug Bobby begrüßt hatte: mit ausgestreckten Händen. Er beugte sich vor und kraulte Cats Wangen, wobei sie fröhlich hechelte.

»Wo ist Doug?«, fragte er.

»England«, sagten die drei gemeinsam.

»Oh, ihr seid die einstimmige Familie«, sagte der Mann. »Schön, euch kennenzulernen. Sprecht ihr immer im Chor?«

»Nein«, sagten sie im Chor.

»Ich glaube euch kein Wort«, sagte er in fröhlichem Singsang und ging weiter.

»Wiedersehen«, antworteten sie einstimmig.

Sie umrundeten den Stausee, der eigentlich bloß ein großer Teich war, und liefen unter einem Baldachin aus Bäumen hindurch. Ein kleiner Fleck Blau tauchte am Himmel auf, geformt wie eine fliegende Gans.

»Besser wird es nicht«, sagte Lisa.

Kid musste zugeben, dass es vielleicht doch ganz okay war.

Sie schlenderten über Seitenstraßen nach Hause, die gesäumt waren von alten Häusern – hohe und gedrungene, breite und schmale, manche mit großen Eingangstreppen wie in der *Sesamstraße*. Es gab auch viele Markisen und Portiers und jede Menge Leute – zwei Frauen beim Power-Walking, ein Mann mit fünf kleinen Hunden an ausziehbaren Leinen, ein Junge auf einem Einrad.

Sie bogen um eine Ecke und kamen auf eine Straße mit Geschäften. Lisa ging kurz in einen Gemischtwarenladen, während Kid und Bobby mit Cat draußen warteten. Sie kam mit einem Stadtplan in der Hand wieder heraus.

»Hier, für dich, Kid«, sagte sie.

Zwei Straßen weiter standen sie vor vier verschiedenen Schnellrestaurants.

»Volltreffer!«, sagte Lisa. »Du darfst entscheiden, Kid. Worauf hast du Lust?«

Kid wählte Sushi.

An ihrer Haustür begrüßte sie schon wieder ein anderer Portier.

»Hallo, Dougs Ersatzmannschaft«, sagte er. »Was habt ihr mir zum Abendessen mitgebracht?«

Kid starrte wieder eine Schulter mit goldenen Epauletten an. Wozu brauchte man überhaupt Portiers? Es hatten doch alle einen Schlüssel, oder?

Sie war wieder grummelig – und durstig. Als sie in die Wohnung kamen, schenkte sie sich sofort ein Glas Wasser ein.

Dougs Gläser sahen alle gleich aus. Sie waren viereckig und hatten einen schweren Boden und sie lagen nicht richtig in der Hand. Zu Hause hatte sie ein Lieblingsglas. Klein, mit blauweißen Streifen. Wie sollte man ein Lieblingsglas finden, wenn alle gleich waren?

Sie trank einen Schluck. Bäh. Das Wasser schmeckte auch nicht richtig.

Immerhin war das Sushi gut. Aber ihre Eltern wollten gleich wieder ausgehen. In irgendeiner Galerie gab es ein Gratiskonzert. Nachdem sie tagsüber geschlafen hatten, waren sie gar nicht müde. Sie waren in New York! Na, dann los!

Kid seufzte und murrte, aber was hatte sie schon für eine Wahl? Sie musste zu dem blöden Konzert gehen.

Sie nahm ein Buch mit, was sich als kluge Wahl erwies. Eine Frau blies auf einem Staubsaugerschlauch, während ein Mann in einen Pappkarton brüllte.

Auf dem Rückweg war es voll in der U-Bahn. Leute rempelten sie an und entschuldigten sich nicht mal. Jemand roch richtig schlimm. Kid steckte ihre Nase in den Mantelärmel ihrer Mutter.

Schließlich schafften sie es bis nach Hause und Kid durfte das Klappbett herunterklappen. Sie hatte schon davon gehört, aber noch nie eins gesehen. Eingeklappt war es nur ein bettgroßes Rechteck in der Wand. Dann drückte man ein wenig dagegen, löste so einen Riegel und es senkte sich ganz leicht auf den Boden. Heruntergeklappt nahm es drei Viertel des Zimmers ein, wodurch es eng und gemütlich wurde.

Ihre Eltern kamen herein, gaben ihr einen Gute-Nacht-Kuss und sagten ihr, dass sie Kid liebten. Als sie mit Lesen fertig war und das Licht ausgeschaltet hatte, holte sie tief Luft und atmete langsam wieder aus, bereit, sich vom Schlaf überwältigen zu lassen.

Doch der kam nicht. Sie lag wach und vermisste das Gewicht von Flohkissen, dachte an ihr Zimmer zu Hause, an die Landkarten an den Wänden, die ordentlichen Schubladen. Und an ihre Freunde, die in ihren Häusern schliefen, und wie komisch es war, dass überall auf der Welt Menschen lebten, an die man niemals dachte, bis man in eine neue Stadt zog.

Cat hüpfte aufs Bett. Kid seufzte.

»Du bist nicht so gut wie eine richtige Katze. Das weißt du doch«, sagte sie.

Cat senkte das Kinn, als wollte sie sagen: *Das meinst du nicht ernst.*

»Ach, na gut«, sagte Kid.

Cat drehte sich dreimal im Kreis und rollte sich neben Kid zusammen. In weniger als einer Minute war Kid eingeschlafen.

Die Proben zu Lisas Stück begannen erst am Dienstag, sie konnten also das ganze Wochenende über machen, was sie wollten. Sie gingen mit Cat spazieren und glotzten die Freiheitsstatue an. Lisa weinte auf Ellis Island, als sie die Geschichten von Einwanderern hörte, die ihren Eltern so ähnlich waren. Sie besuchten den Buchladen *Strand* und sahen sich den Times Square an, umringt von grellen Werbeflächen und voller Touristen wie sie selbst. Und sie alle hatten ihre Handys in die Luft gereckt, um Fotos zu machen. Kid verstand nicht, was das sollte.

In der Wohnung machte Lisa dann Stimmübungen im Bad, während Cat vor der Tür saß und mitsang.

*Liebe Luna*, schrieb Kid auf ihre erste Postkarte. *Die Freiheitsstatue sieht vom Schiff aus riesig aus, kommt einem aber nicht mehr so groß vor, wenn man drinnen raufsteigt. Dads Cousin hat ihn Bobby genannt, darum machen wir das jetzt auch. Wie war die zweite Schulwoche? Deine Freundin Kid.*

Je näher die Theaterproduktion rückte, desto nervöser wurde Lisa. Am Dienstag verfiel sie abwechselnd in Lähmungsattacken und übertriebenen Tatendrang – befestigte Schlüssel an ihrem Glücksbringer-Schlüsselring, zog ihre Glückssocken an, holte Textbuch, Computer, noch einen Talisman: ihre Knetfigur Gumby. Sollte sie einen Schirm mitnehmen? Es könnte regnen. Aber wenn sie ihn mitnahm, würde es vielleicht nicht regnen, und dann würde sie ihn vergessen und verlieren. War es nicht so, dass verlorene Regenschirme Pech brachten?

Kid und Bobby würden sie begleiten, schon um sicherzugehen, dass sie auch bei der Probebühne ankam.

»Wieso habe ich mich bloß dazu bereit erklärt? Was habe ich mir dabei gedacht?«

»Mom. Alles wird gut. Es wird ganz toll werden.«

»Wie kann es denn gut werden? Ich habe mich verkauft. Ich habe mich total verkauft. ›Fußballmütter‹ sind was völlig anderes als ›Eishockeymütter‹. Fußball – Eishockey, das sind zwei völlig verschiedene Dinge. Ich habe mich früher immer lustig gemacht über Leute, die ihr Stück für ein amerikanisches Publikum umgeschrieben haben.«

»Du hast früher auch nie gedacht, dass du überhaupt mal ein amerikanisches Publikum *haben* könntest.«

»Oh, vielen herzlichen Dank auch. Dein Vertrauen weiß ich sehr zu schätzen.«

Eigentlich war es fast schon lustig, was sie alles an den Haaren herbeizog.

»Hör zu«, sagte Bobby. »Wir kommen mit. Wir nehmen die U-Bahn. Und zwar jetzt. Los.«

Cat zog die Augenbrauen hoch, als sie das Wort *los* hörte.

»Nein, nicht du, Cat. Tut mir leid. Nur wir anderen. Gehen wir.«

Kid und Bobby griffen je einen von Lisas Ellbogen und zogen sie zur Tür.

Auf dem Weg zur U-Bahn sprachen sie ihr Mut zu. »So geht es dir jedes Mal. Das gehört eben dazu. Das Stück ist super. Alles wird gut.«

Sie lenkten sie ab. »Guck mal, Vorschulkinder beim Seiltanzen!«

Sie schmeichelten ihr. »Gary braucht dich. Iris braucht dich. Die Inszenierung braucht dich.«

Auf alles hatte Lisa eine Katastrophenantwort.

Auf die Aufmunterung: »Ich weiß, so etwas sage ich immer, aber *diesmal* ist es anders. *Diesmal* ist das Stück wirklich schlecht. Ich habe so ein Unglücksgefühl, so ein ungutes

Gefühl, so ein Gefühl wie Spiderman, dass er sterben muss, wenn sein Sicherheitsfaden reißt.«

Auf die Vorschulkinder: »Wisst ihr, was ich mit dem Seil anfangen könnte? Mich aufhängen, bevor die Vorpremieren losgehen!«

Auf die Schmeicheleien: »Macht ihr Witze? Die spielen alle Theater, seit sie in der Vorschule das Seil gehalten haben! Die brauchen mich nicht. Hier bin ich die Amateurin!«

Lisa war keine Amateurin, aber das Stück hatte als Schnapsidee angefangen. Lisa hatte zum vierzigsten Geburtstag ihrer Freundin einen Sketch mit einem Song namens *Hockey Mom* geschrieben. Den fanden alle toll, also machten Gary und Lisa ein Stück für das Kleinkunstfestival in Toronto daraus. Das Stück war ein Erfolg, also schrieben sie es um, erweiterten es und inszenierten es im Lyric Theatre in Toronto. Die Aufführung war ein Erfolg, also gingen sie damit auf Tournee. Die Tournee war ein Erfolg, also riefen Produzenten von Theatern aus den USA an. Sie waren sicher, das Musical südlich der Grenze verkaufen zu können. Aber ob Lisa und Gary wohl eine Kleinigkeit ändern könnten? Könnte der Titel statt *Hockey Mom: Das Musical* eher *Soccer Mom: Das Musical* lauten?

In der U-Bahn-Station spielte ein Mann mit den Händen Akkordeon, mit dem Mund Trompete, mit einem Bein eine große Trommel und zwei Becken und mit dem anderen Bein mehrere Puppen.

»Sieh mal, Mom. Eine Ein-Mann-Band«, sagte Kid.

»Ach, erinnere mich bloß nicht daran«, sagte Lisa. »So viel kann schiefgehen.«

»Mom, was hat das denn damit zu tun?«

»*Soccer Mom: Das Musical*. Ist das überhaupt witzig? Ich weiß nicht mehr, was lustig ist und was nicht. Ich weiß nicht mal, ob ich das überhaupt je wusste.«

»Weißt du, was ganz gut wäre, Lisa?«, sagte Bobby.

»Was denn?«

»Wenn du aufhören würdest zu reden.«

»Bobby, durch Reden verarbeite ich solche Sachen, nur so komme ich darüber hinweg. Du kennst mich doch. Wenn ich nervös bin, rede ich ohne Punkt und Komma. Das kann ich nicht ändern. Ist ein Reflex.«

Lisa redete und sie schmeichelten und beruhigten und lenkten ab, den ganzen Weg bis zur Probebühne. Dort wartete eine Bühnenhelferin an der Hintertür auf sie.

»Lisa?«, fragte sie.

»Das bin ich«, antwortete die mit einem gewinnenden Lächeln.

»Ich bin Wanda. Ich freue mich *so sehr*, Sie kennenzulernen.«

»Ganz meinerseits, Wanda.«

Man konnte kaum glauben, dass sie den ganzen Weg hierher gejammert und gezittert und gezaudert hatte. Man musste ihr schon sehr nahe stehen, und zwar direkt rechts und links neben ihr, um zu merken, dass sie auch jetzt noch zögerte und sich zurückhielt.

Bobby und Kid stellten sich hinter sie, Schulter an Schulter, und schoben sie ein wenig die Stufen hinauf. Ein kleiner Stups auf dem Treppenabsatz, etwas Druck Richtung Tür.

Uuuund *drin*.

Sobald Lisa über die Schwelle eines Theaters trat, richtete sich ihr Rückgrat auf, ihre Muskeln entspannten sich, ihre Gedanken hörten auf, sich wie Sommerreifen im Schnee zu drehen. Jetzt kam sie klar.

Puh.

Hinter ihr schwang die Tür zu. Kid und Bobby klatschten sich ab.

»Was machen wir jetzt, Kid?«

Ursprünglich war der Plan gewesen, die Vormittage für Kids Hausaufgaben und die Arbeit an Bobbys Theaterstück zu nutzen. An den Nachmittagen wollten sie in Museen gehen und New York erkunden. Aber weil sie heute schon mal draußen waren, konnten sie die Planung ebenso gut umdrehen.

»Welches ist das nächste Museum?«, fragte Kid.

Bobby schlug es nach. »Das Mietskasernenmuseum.«

»Gehen wir hin«, sagte Kid.

Also lernten sie den Vormittag über, wie es war, mit fünf Kindern in einer kleinen, dunklen Wohnung über einer Bierstube zu leben.

In Dougs Wohnung setzte Kid sich an den Schreibtisch in ihrem Zimmer (sie hatte großen Spaß daran, jeden Morgen das Klappbett in der Wand zu verstauen) und schrieb auf, was sie gesehen und gelernt hatte. Vor dem Fenster gurrte eine Taube.

Sie schrieb eine Postkarte an ihre Großmutter.

*Liebe Nanja,*

*heute waren wir im Mietskasernenmuseum. Das ist wie eine Zeit-reise. Sieben Menschen haben in zwei Zimmern gelebt, ohne fließendes Wasser. Eng! Stinkig! Klos hinten im Hof. In einer Wohnung klebten 22 Schichten Tapeten übereinander an der Wand. Ich vermisse Dich. Streichle Flohkissen von mir.*

*Alles Liebe, Kid*

Bobby saß mit seinem Laptop am Esstisch. Als Kid in die Küche ging, um sich was zu essen zu holen, klappte er ihn rasch zu, aber Kid war ziemlich sicher, dass er sich Sturzvideos von Surfern angeguckt hatte.

Lisa kehrte in völlig anderer Stimmung zurück, als sie das Haus verlassen hatte. Man sah es ihr schon an der Haltung ihrer Schultern an, als sie ins Wohnzimmer kam. Kid dachte sich gerade Sudokus aus, die Bobby lösen sollte.

»Und?«, fragte Bobby.

»Es war toll. Alle waren fantastisch. Die Hauptdarstellerin ist überhaupt keine Diva. Sie war freundlich und witzig und nett. Keine von ihnen hatte irgendwelche Allüren. Keine.«

In dem Stück traten acht Fußballmütter auf. Der Star des Stücks spielte die Reiche, die sich gerade von ihrem dritten Mann scheiden ließ.

»Siehst du?«, sagte Kid.

44

»Ja, ich weiß. Ihr hattet absolut recht.«

»Habt ihr die Eröffnungsnummer geprobt?«, fragte Bobby.

Die Eröffnungsnummer hieß *Warum tun wir das?*. Darin versuchten alle Mütter ihre Kinder zu einem frühmorgendlichen Fußballtraining im Regen aus dem Haus zu kriegen. Es gab auch eine Tanzeinlage, zu der schwierige Tricks mit Regenschirmen gehörten.

»Haben wir. War großartig. Niemand hat ein Auge verloren. Die Choreografin ist ein Genie, sage ich euch.«

Sie ließ verlegen den Kopf hängen.

»Durchaus möglich«, sagte sie, »dass die Aufführung am Ende doch ganz okay wird.«

Sie rieb ihren Glücksbringer Gumby. »Vielleicht.«

Dann ging sie zu ihnen und küsste sie einzeln auf den Kopf. »Entschuldigt wegen heute Morgen.«

»Wir verzeihen dir«, sagte Kid.

Lisa joggte mit Cat eine Runde im Central Park und aß im Anschluss reichlich. Alles war gut, alles war normal. Nach dem Abendessen besuchten sie wieder ein Gratiskonzert, diesmal im Park, wo richtige Musiker richtige Instrumente spielten.

Am nächsten Morgen begann alles wieder von vorne.

»Wo sind meine Schlüssel? Wo sind meine Glücksschlüssel? Meint ihr, es wird regnen? Brauche ich meinen Schirm? Als die Starschauspielerin gestern so nett war, hat sie bestimmt bloß so getan. Das kenne ich schon. Zu Anfang sind sie total kooperativ, alle fürs Team und so, aber sobald es schwierig wird, heißt es ›Ich brauche meinen Freiraum‹.«

Bob und Kid wechselten Blicke, standen einmütig auf und holten ihre Jacken.

»Wo wollt ihr denn hin?«, fragte Lisa.

»Hier sind deine Schlüssel«, sagte Bob.

»Hier ist dein Schirm«, sagte Kid.

»Gehen wir«, sagte Bob.

»Was macht ihr denn da? Moment mal. Ich habe meinen Glücksgumby noch nicht. Wo ist mein Glücksgumby?«

Kid wühlte in Lisas Rucksack. Gumby steckte an seinem üblichen Platz, in der vorderen Reißverschlusstasche. Kid ließ ihn vor Lisas Augen baumeln.

»Oh.«

»Los«, sagte Bob.

Cat sprang vom Sofa. »Nein, du nicht, Cat.«

So ging es die nächsten Tage weiter. Bob und Kid schafften Lisa zu den Proben, schauten dann vormittags ins Naturkunde- oder Guggenheim-Museum oder ins MoMA oder in die Bibliothek, dann kehrten sie nach Hause zurück und machten sich an ihre Arbeit.

Nun ja, soweit man von *Arbeit* sprechen konnte. Kid löste tatsächlich ihre Matheaufgaben, las ihre Bücher und fasste deren Inhalt zusammen. Sie schrieb Berichte über all die Museumsbesuche. Sie machte Fotos und lud das Ganze auf ein Blog für ihre Lehrerin hoch.

Bobby hingegen behauptete zwar, er würde an seinem Stück arbeiten, doch er fing damit an, Nachrichten im Internet zu lesen, woraufhin er sich Videos von neuen Bands anschaute, die ihn interessierten (was man daran merkte, dass er Ohrhörer einstöpselte), und dann Videos von missglückten Stunts guckte (was man daran merkte, dass er ständig das Lachen unterdrückte). Wenn er vermutete, dass Kid ihn ansah, beugte er sich vor, strich sich nachdenklich übers Kinn und tippte ein paar Wörter – nur um anschließend weiterzusurfen.

Zuerst glaubte Kid, sie vermisse die Schule nicht, weil es sich so nach Urlaub anfühlte. Aber als sie sich erst mal an ihren neuen Alltag gewöhnt hatte, vermisste sie die Schule immer noch nicht.

Vielleicht lag es an den Museen. Zwar liebte sie es, ihre Schule zu betreten, liebte den besonderen Geruch siebzig Jahre alter Fußböden und Türen. Doch noch mehr liebte sie es, Museen zu betreten, und den besonderen Nicht-Geruch von Marmor und Foyers. Ihre Freundin Luna und ihre Lehrerin Miss Scabernicky vermisste sie schon, aber nicht so sehr, wie sie gedacht hätte.

Sie liebte Museen. Sie liebte ihre großen, luftigen Säle. Liebte die Glasvitrinen und die sauber gedruckten Kärtchen, auf denen die Ausstellungsstücke beschrieben wurden. Sie liebte die Ausstellungsstücke selbst und verbrachte gern und viel Zeit damit, sie von allen Seiten anzuschauen.

Kinder in Museen ließen sich zwei Kategorien zuordnen: Touristenkinder mit ihren Eltern oder Schüler mit ihren Lehrern. Die Schülergruppen waren groß und laut. Jede Gruppe wirkte wie ein großes, lang gestrecktes Lebewesen, das durchs Museum kroch. Vielleicht ein riesiger Silberfisch. Auf jeden Fall ein Insekt, denn es war in drei Abschnitte gegliedert: Kopf, Brust, Hinterleib. Der Kopf bestand aus den interessierten Kindern, die an den Lippen der Museumsführer hingen. Zur Brust gehörten Mädchen, die Schmuck verglichen oder einander Sachen auf dem Handy zeigten oder tuschelten, und Jungs, die einander ein Bein stellten oder sich gegen Mädchen schubsten. Den Hinterleib bildete ein bunter Mix aus Nachzüglern, die von interessanten Exponaten fasziniert waren, die heimlich was aßen oder tranken, denen alles total egal war oder die einfach langsam und traurig und einsam waren.

Kid fiel auf, dass sie zu Hause manchmal zum Kopf, manchmal zum Hinterleib, aber niemals zur Brust zählte.

Eines Tages, in der zweiten Woche, sah Kid einen Jungen. Er gehörte zu keiner Schülergruppe und die Erwachsene an seiner Seite, eine ältere Frau, kaum größer als er, sah nicht wie eine Touristin aus. Sie betrachteten Modelle von Einzellern. Die beiden kamen ihr bekannt vor.

Als sie später am Nachmittag deren Rücken vor sich auf dem Weg am See im Central Park sah, fiel ihr auch ein, woher. Sie standen in Dougs *Alles über Cat.* Dr. Zinta Lomp, pensionierte Chemikerin und Autorin von Liebesromanen. Der Junge hieß Will. Seine Haare waren länger als in Dougs Aquarellzeichnung, aber die schlaksige Figur und die hellbraune Haut waren noch die gleichen. Beide hatten Taschen mit Tennisschlägern über der Schulter hängen. Dr. Lomp trug weiße Tennisschuhe und einen Regenmantel.

Cat brach direkt vor den beiden aus dem Unterholz und trug etwas im Maul.

»Cat!«, rief Will.

Cat tapste auf ihn zu und wedelte mit dem gesamten Hinterteil.

»Die grausame Lady Catherine!«, tadelte Dr. Lomp. Cat ließ eine tote Ratte vor ihren Füßen fallen. Dr. Lomp schaute sich um. »Wo ist Doug?«

»England«, sagte Kid, doch sie hielt den Blick gesenkt.

Bob trabte zu ihnen hin und klickte die Leine an Cats Halsband fest. »Ich bin Dougs Cousin Bob, und das ist meine Tochter Kid.«

Wieder begann Kids Gesicht zu glühen, ihr Puls raste. Wieder überfiel sie die Unfähigkeit, in Gesichter zu schauen, und der Wunsch, zu fliehen oder sich zumindest zu verstecken.

Sie atmete. Sie ließ das Wort *Ruhe* irgendwie durch ihre Gedanken fallen wie Zauberstaub.

»Hi«, quiekte sie.

Sie blieben alle eine Minute lang stehen und betrachteten die Ratte.

»Also«, sagte Bob. Er reichte Kid die Leine und zog die Gummihandschuhe und eine Hundetüte aus der Tragetasche. »Ich hebe nun ...«, er bückte sich, »... eine schöne ...«, streckte die Hand aus, »... unschuldige ...«, wandte den Kopf ab, »... Kreatur auf, die zufällig ...«, während seine Hand über der Ratte schwebte, unsicher, wie er sie greifen sollte, »... vom ebenso unschuldigen Hund ...«, seine Finger schlossen sich um den Rumpf des Tieres, »... meines Cousins getötet wurde.«

Er hob die Ratte hoch, hielt sie weit von sich gestreckt und verfiel plötzlich in eine Art Tanz, bei dem er die Knie hochzog und sich krümmte und »Uäh! Uäh! Uäh!« rief. Mit der anderen Hand schüttelte er die Hundetüte, doch die wollte nicht offen bleiben, also tanzte er weiter im Kreis, die Rattenhand jagte die Tütenhand und kriegte sie nie ganz zu fassen.

»Du meine Güte!«, sagte Dr. Lomp. »Hier.«

Sie schnappte sich die Tüte und hielt sie auf, während Bob die Ratte hineinfallen ließ. Ihr Schwanz lappte über den Tütenrand, also rüttelte Dr. Lomp die Tüte, bis er hineinrutschte, und verknotete die beiden oberen Enden der Tüte.

Bob schüttelte sich dabei und schnappte nach Luft.

»Tut mir leid, tut mir leid«, sagte er vornübergebeugt. »Aber ich ... hhhrrgh ... mag Ratten ... echt nicht.«

»Ich fand sie irgendwie süß«, sagte Will.

*Ich auch*, dachte Kid.

Dr. Lomp hielt Kid die Plastiktüte vor die Nase und deutete mit dem Kopf auf einen Mülleimer.

»Lauf. Schmeiß das in den Müll. Das ist nicht süß. Das ist eine Ratte«, sagte sie. »Und Sie sind also Dougs Cousin«, wandte sie sich an Bob. »Wie geht es Ihnen?«

»Toll. Ja. Gut. Super. Ich bin nicht immer so.«

»Ich bin Dr. Lomp. Das ist Will.«

»Ih weht es Gienen?«, fragte Will. Er sprach mit hoher Stimme, die ein bisschen im Ohr schrillte.

»Toll«, sagte Bob noch einmal. »Pardon, wie bitte?«

»Will ist ein Anhänger von Reverend Spooner«, sagte Dr. Lomp.

»Man vertauscht die Anfangslaute von Wörtern. So ähnlich wie beim Schüttelreim«, erklärte Will.

Dr. Lomp ging weiter. Die anderen folgten ihr.

Will wandte sich mit fragendem Blick an Kid.

*Frag-mich-nicht-frag-mich-nicht-frag-mich-nicht*, betete sie im Kopf herunter.

Und er ließ es bleiben. Er schaute wieder nach vorn.

Dann drehte er sich aber doch wieder zu ihr um und sagte: »Ich mag Ägyptologie und Basketball. Was magst du?«

*RUHIG BLEIBEN*, dachte Kid.

»Das ist meine bevorzugte Gesprächseröffnung«, fuhr er fort. »Funktioniert sie?«

Kid versuchte zu antworten, doch es kamen keine Worte. Nur das Blut rauschte in ihren Ohren. Nur ihr Herz raste.

»Anscheinend nicht. Du antwortest nicht.«

»Ich ...«, brachte Kid heraus, »mag Kat—« Sie wollte »Katzen« sagen, brachte aber nur »Kat« heraus.

»Ich mag Cat auch.«

Cat wedelte mit dem Schwanz.

Vor ihnen stellten sich die Erwachsenen ganz entspannt gegenseitig Fragen. Wo ist Doug, wir sind aus Toronto, sind Sie Ärztin, Tennis? Kid hörte mit halbem Ohr zu.

»Was magst du noch?«, fragte Will.

»England!«, sagte sie, worauf ihr Gesicht wieder zu brennen anfing. Sie war noch nie in England gewesen. Und wenn er nun darüber reden wollte?

»Was magst du denn an England?«

»Du weißt schon«, sagte sie unbestimmt. »So ... eng... lische ... Sachen.«

»Zum Beispiel?«

»Keine Ahnung ...« Sie durchforstete ihren Kopf nach englischen Sachen.

»Du magst England, aber du weißt nicht, was du daran magst?«

»Tee?«, sagte sie. »Schlösser?«

Das schien ihn zufriedenzustellen.

»Ich habe dich im Museum gesehen«, sagte Will. »Wirst du auch zu Hause unterrichtet?«

»Fernunterricht«, sagte Kid. »Ich kriege Fernunterricht. Aus Toronto. Wo wir herkommen.«

Sie gingen eine Weile schweigend nebeneinanderher. Allmählich wich die Hitze aus Kids Gesicht. Sie sollte ihn etwas fragen.

»Hast du schon immer Heimunterricht bekommen?«

»Ja. Meine Eltern sind im World Trade Center ums Leben gekommen. Seitdem lässt meine Babtscha mich nicht mehr aus den Augen.«

»Oh«, sagte Kid. Was soll man sonst sagen, wenn einem jemand erzählt, seine Eltern seien im World Trade Center gestorben? Vielleicht gar nichts. Vielleicht wartet man, ob derjenige noch mehr erzählen will, und wenn nicht, wechselt man das Thema.

Auf einmal kam ihr so ein bisschen Angst vor fremden Menschen gar nicht mehr so schlimm vor.

Sie wartete. Will sagte nichts weiter.

Also gut. Zeit für einen Themenwechsel. Sie hörte im Kopf die Stimme ihrer Mutter. *Du schaffst das, Kid.*

»Ich hab gedacht, ich würde die Schule vermissen, tu ich aber gar nicht. Bisher nicht. Vielleicht, wenn ich mich irgendwann mal langweile. Vermisst du die Schule?«

Sie nahm sich vor, ihre Eltern nach dem World Trade Center zu fragen. Sie wusste eigentlich nur, dass es eingestürzt war und dass das etwa zehn Jahre her war.

»Ich war nie in der Schule. Wie kann ich sie da vermissen?«

»Was ist mit anderen Kindern?«

Will zuckte die Achseln. »Andere Kinder können mich meist nicht leiden. Wist du in Bugs Dohnung?«

Kids Gehirn bekam kurz Schluckauf, während es die Anfangslaute sortierte. Er wollte wissen, ob sie in Dougs Wohnung war. Sie nickte. Sie wollte wissen, warum andere Kinder ihn nicht leiden konnten, wollte aber auch nicht unhöflich sein.

»Hast du die Siege schon gezehen?«, fragte Will.

Wieder Schluckauf.

»Welche Ziege?«

»Es heißt, dass auf eurem Bach eine Zergdiege lebt. Aber die Ziege ist sehr vorsichtig. Niemand kriegt sie je zu sehen. Kaum jemand. Es heißt, wenn man sie sieht, hat man glieben Sahre Jück.«

»Glieben Sahre Jück?«

»Sieben Jahre Glück.«

»Hast du sie schon mal gesehen?«

Will schüttelte den Kopf. »Ich kann nicht aus Fenstern gucken. Davon wird mir schwindelig, ich muss mich übergeben und falle um. Das ist eine Form von Platzangst.«

Kid wurde neugierig. »Kannst du Fenster *angucken*?«

»Es ist nicht so leicht, sie anzugucken, ohne durchzugucken. Aber: Ja. Nachts. Kurze Zeit. Doch auch dabei wird mir ein bisschen flau. Spiegel mag ich auch nicht so gern.«

»Oh.«

Bei den Tennisplätzen verabschiedeten sie sich.

»Na, die sind doch ganz interessant, oder?«, fragte Bobby.

»Finde ich auch. Will sagt, dass auf Dougs Haus eine Ziege lebt.«

»Eine Ziege?«

»Eine Bergziege. Er hat gesagt, wenn man sie sieht, hat man glieben Sahre Jück.«

»Wer will schon glieben Sahre Jück?«

»Sieben Jahre Glück.«

»Ich wäre schon froh, wenn ich jieben Sahre reine Katten hätte. Die eine eben hat mir völlig gereicht.«

Kid boxte ihrem Vater gegen den Arm.

54

Er boxte zurück. »Wie soll eine Bergziege aufs Dach kommen?«

Kenneth P. Gill stattete auf dem Heimweg der Zoohandlung einen Besuch ab und kaufte die wöchentliche Ration Luzernenheu. Das war für ihn der unangenehmste Teil der ganzen Woche. Einen Heuballen konnte man schlecht verstecken. Und wenn man einen Heuballen durch New York trug, waren Kommentare vorprogrammiert. *He, du hast deinen Futtersack vergessen!* So was in der Art.

»Sind die Hamster hungrig?«, fragte Julio, als Kenneth hereinkam.

»Es sind Meerschweinchen«, sagte Kenneth. »Und sie fressen es nicht, sie schlafen darin.«

Als er darauf wartete, dass die Fahrstuhltür zuging, kamen ein zerknautscht aussehender Mann und ein mageres Kind mit langen Haaren und einer Baseballcap herein, gefolgt von dem Hund namens Cat. Er hielt den Fahrstuhl für sie an.

»Danke«, sagte der Mann.

»Wo ist Doug?«, fragte Kenneth.

»England«, sagte das Kind und schaute auf seine Schulter.

Hatte er Schuppen? Er wischte sich vorsichtshalber die Schultern ab.

»Wir passen für ihn auf Cat auf«, sagte der Mann.

»Aha. Ich habe Meerscheinchen. Zwei. Wallace und Pita.«

Kenneth hatte ein komisches Gefühl im Bauch, wie immer beim Lügen. Wieso hatte er das von sich aus erwähnt? Sie hatten nicht danach gefragt. Er log ganz offensichtlich. *Warum lügt der Mann?*, fragten sich die beiden. *Er hat das Heu aus einem anderen Grund bei sich, ich weiß es einfach.*

Seine Kehle schnürte sich zu.

Zum Glück stiegen sie vor ihm aus und er war erleichtert, dass keine weiteren Nachbarn auftauchten, die er anlügen musste. Als er seine Wohnung betrat, rief er trotzdem nach seinen ausgedachten Meerschweinchen.

»Hallo, meine Süßen«, rief er. »Wie war euer Tag?«

Währenddessen sah er sich um. War die Ziege heute da gewesen?

Nein. Natürlich nicht.

Er holte die Schere, schnitt das Band um den Ballen auf, füllte den Eimer und stellte ihn auf die Brüstung.

Die Ziege kam erst in der Dämmerung, wenn sie sich ein klein wenig sicherer fühlte. Kenneth versuchte sie immer in die Wohnung zu locken, auch wenn er nicht wusste, was er mit ihr anstellen würde, sollte es ihm tatsächlich gelingen.

Er brauchte eine große Kiste. Man brauchte eine große Kiste, um eine Bergziege zu transportieren. Und sie würde stabil sein müssen. Und mit Löchern drin. Und auf Rädern, damit er sie den Korridor entlang zum Lastenaufzug schaffen konnte, dann mit dem Aufzug nach unten zu einem ... Transporter oder Laster oder so. Ein Transporter oder Laster, mit dem er in die Berge fahren konnte ... nachdem er sich bei der

Arbeit entschuldigt hatte … wegen … eines medizinischen Notfalls.

Sobald die Ziege durch das Fenster hereinkam, würde er alle Hebel in Bewegung setzen.

Alle Hebel! Augenblicklich.

Bis dahin: *Dumdidum. Ziege? Welche Ziege? Ich habe Hamster. Ich meine, Meerschweinchen. Namens Wallace. Und Pita.*

Die Ziege wachte im Halbdunkel von einem schwachen, wundersamen Geruch in der Nase auf. Der zog sie auf die Füße und führte sie zur Kante.

Da. Es kam von da drüben, jenseits des grauen Flusses mit den rasenden Klumpen. Da, wo es auch nach Baum duftete. Da, wo die Hoffnung lag.

Gras.

Speichel flutete ihren Mund. Sie *musste* sich die klappernde Klippe hinunterwagen. Jetzt.

Sie trottete auf die andere Seite ihres traurigen kleinen Bergs.

Hatte ja keinen Sinn, Zeit zu verschwenden. Sie sprang. Die gepolsterten Hufe voraus klapperte es nur ganz leise, als sie landete. Doch ehe sie sichs versah, sprang sie eben *nicht* die klappernde Klippe hinab, sondern nahm die übliche Route, von Brüstung zu Brüstung, zu dem Eimer.

Warum?

Oh.

Heu. Heu war gut.

Warum hatte sie bloß daran gedacht, die klappernde Klippe hinunterzuspringen? Hatte sie da etwas gerochen?

Ja. Es hatte so gut gerochen. Sie sollte die Witterung wieder aufnehmen. Wirklich ...

Mmhm, Heu. Jetzt war sie beim Heu. Sie fraß das Heu.

Die Ziege wusste nicht viel. Aber sie wusste Folgendes:

Gefahr kommt von oben.

Gefahr kommt von unten.

Herumtollen ist der einzig wahre Daseinszustand.

Hunger ist immer da.

Wähle den direktesten Weg zum Futter.

Lass dich nicht vom Hunger täuschen. Du bist immer noch in Gefahr.

Ihr Fell sträubte sich. Dort, hinter dem Eimer, war das Gesicht des baumartigen Wesens, das sie fangen und in der Höhle festhalten wollte. Das Heu war eine Falle! Spring fort, spring fort!

3  So wie man in der Woche, nachdem man ein vorher nie
gehörtes Wort nachgeschlagen hat, diesem Wort ganz sicher
drei- oder viermal wiederbegegnet, so traf Kid jetzt ständig die
winzige Frau und den Jungen aus dem Park.

Zuerst entdeckte sie die beiden im Guggenheim-Museum,
nebeneinander auf einer großen runden Sitzbank, wie sie verschiedene abstrakte Gemälde anschauten. Sie drehten sich
nicht um, und Kid schlich sich wieder aus dem Saal, zog ihren
Vater mit in die nächste Galerie.

Dann standen sie in der Kassenschlange im Obstladen an
der Amsterdam Avenue. Auch da blieb Kid unbemerkt. Trotzdem senkte sie vorsichtshalber den Kopf, damit der Mützen-
schirm ihr Gesicht verdeckte.

Am Tag danach waren die beiden wieder im Park unterwegs
zum Tennis, zu weit weg, um nach ihnen zu rufen.

Dann sah Kid sie eine Weile nicht und vergaß sie.

Sie gewöhnte sich allmählich an die Wohnung und die Stadt. Der Geschmack des Leitungswassers fiel ihr gar nicht mehr auf. Ihre Hand gewöhnte sich an das Gewicht der Trinkgläser. Sie wusste, wie sie zur U-Bahn-Station kam. Sie grüßte die joggende Großmutter. Wenn sie den Mann mit der Regenbogen-Kippa sahen, gaben sie sich große Mühe, im Chor zu sprechen.

Sie konnte noch niemandem in die Augen schauen. Aber das würde sie. Irgendwann. Wahrscheinlich.

Tatsächlich vermisste sie die Schule. Nicht sehr. Aber ein bisschen. Sie vermisste Kinder in ihrem Alter. Sie vermisste Luna.

Lisa musste nicht mehr zu den Proben begleitet werden. Kid und Bobby konnten morgens direkt zum Museum ihrer Wahl gehen.

In letzter Zeit machte Bobby wirklich Fortschritte mit seinem Stück und suchte sich immer öfter ein Plätzchen zum Arbeiten im Museumscafé, während Kid das Gebäude auf eigene Faust erkundete. Sie hatte einen guten Orientierungssinn und einen Plan, und in fast jedem Raum saßen Museumswärter. Es war ungefährlich.

Kid begann gerade ihre Tour durch die erste Etage des *Metropolitan Museum of Art*. Erster Halt war ein ägyptisches Grab.

Sie ging durch eine Lücke in einer dicken Kalksteinmauer und über einen Hof, dann in einen schmalen Gang. Sie bog um eine Ecke, dann um noch eine.

Und da waren Will und Dr. Lomp. Genau da in der kleinen steinernen Kammer.

Diesmal konnte sie sich nicht wegducken und umkehren.

»Muten Gorgen«, sagte Will.

»Oh«, sagte Kid.

Dr. Lomp hatte Kopfhörer auf. Sie lächelte und nickte Kid zu, tippte an die Kopfhörer und drehte sich wieder zu den Zeichnungen an der Wand.

»Willkommen in Pernebs Grab«, sagte Will. Er machte eine ausladende Geste, als sei dies sein Zuhause.

Kids Mund schloss zu ihrem Gehirn auf.

»Hi«, sagte sie und schaute die Wand hinter ihm an. Ein Ägypter trug mehrere Fische an einer Schnur.

»Das ist vielleicht mein Lieblingsort in der ganzen Stadt«, sagte Will.

Der Stein hatte einen sehr warmen Farbton und es gab eine Menge zu entdecken, obwohl die Kammer gar nicht groß war. Wenn Kid und Will und Dr. Lomp sich Schulter an Schulter nebeneinanderstellten, würden sie den Raum wahrscheinlich der Länge nach ausfüllen. Die Wände waren über und über bemalt mit seitlich stehenden Ägyptern wie dem Fischträger, die irgendwelche Sachen machten.

»Das ist der Opferraum«, sagte Will. »Diese Tür.« Er zeigte auf die Wand am Ende, wo senkrechte Felsblöcke rechts und links von einer zurückliegenden Mittelnische standen. »Von dort kommt Pernebs Geist herein. Oder käme herein, wenn er hier wäre. Er ist in Ägypten. Seine Mumie. Die richtige Grabkammer hätte in einem tiefen Schacht gelegen, ungefähr so tief, wie dieses Gebäude hoch ist. Seine Familie wäre dorthin gegangen, um ihm Opfer zu bringen. Und er wäre dann den Schacht hinauf und durch diese Tür erschienen, damit sie zusammen essen und abhängen können.«

Jetzt fiel Kid auf, dass einige der Menschen an den Wänden Getränke einschenkten oder Teller oder Tiere trugen. Es war erstaunlich, wie viele Bilder in den Stein gehauen waren und wie viele Einzelheiten man entdecken konnte.

Will sagte: »Als sie das Grab aus Ägypten hierhergeschafft haben, da haben sie die Grabkammer nicht mitgebracht. Ich nehme an, sie ist noch da. Manchmal frage ich mich, ob Pernebs Geist jetzt in Ägypten nach oben kommt und so was sagt wie: *Oh Mann, wo bin ich denn hier gelandet? Wo ist das Haus, das ich mir fürs Jenseits gebaut habe?* Vielleicht hat sein Geist das auch nur beim ersten Mal gesagt, als er raufschaute, und weil dann kein Grab mehr da war, ist er in die Luft gestiegen und wandert seither über die Erde und sucht danach.«

»Oder er ist einfach auf Entdeckungstour gegangen«, sagte Kid. »So nach dem Motto: *Oooh, wow, guck dir die Pyramiden an. An die kann ich mich noch erinnern. Moment mal, was ist das denn da drüben? Was sind das für komische hohe Häuser?*«

»Komm, ich zeig dir den anderen Raum«, sagte Will. Er führte Kid zurück über den Innenhof und zu einer anderen schmalen Tür, die in einen anderen schmalen Raum führte. Dr. Lomp zockelte hinter ihnen her.

Dieser Raum war dunkler. Vorn stand ein kleiner Museumsschaukasten, den sie keines Blickes würdigten. In diesem Raum wurde alle Aufmerksamkeit von der hinteren Wand angezogen, von dem hohen, schmalen Schlitz, so ähnlich wie eine Schießscharte, hinter dem es hell leuchtete.

Aus der Nähe konnte man in einen weiteren Raum schauen, von oben beleuchtet und quadratisch, in dessen Mitte eine Statue von Perneb saß.

»Da ist er«, sagte Will.

Kid erinnerte sich, dass Will gesagt hatte, er könne nicht durch Fenster gucken. Aber durch dieses guckte er. Es war ein Innenfenster, durch das man in einen Innenraum sah. Auf Perneb.

»Da ist er«, sagte Will. »Du kannst ihn sehen. Aber du kannst nicht zu ihm. Kannst ihn nicht anfassen. Das ist der Sinn der Sache.«

Sie blieben eine ganze Weile dort stehen und blickten einfach nur durch das Fenster. Es hatte etwas sehr Friedliches, Perneb im warmen Licht in seinem eigenen Zimmer zu betrachten. Hinter ihnen kamen Leute und gingen wieder. Und dann, als sie genug hatten, wandten auch sie sich zum Gehen.

In der Zwischenzeit – Kid konnte nicht genau sagen, wann oder wie – war die Mauer der Schüchternheit durchbrochen. Sie konnte Will ansehen, konnte ihm in die Augen schauen (sie waren braun), sie konnte lachen, konnte reden.

Will zeigte ihr seine Lieblingsstücke im Schaukasten. Ein geschnitzter Kamm mit Tierfiguren. Eine kleine Statue von Horus, dem falkenköpfigen Gott.

Sie schlenderten entspannt durch die restliche Ägypten-Ausstellung, trennten sich, um ihren eigenen Interessen nachzugehen, kamen wieder zusammen, riefen einander, um sich Besonderheiten zu zeigen, stellten sich vor, wie es gewesen wäre, wenn sie vor viertausend Jahren gelebt hätten.

Dr. Lomp folgte ihnen und lauschte dem, was aus ihren Kopfhörern drang.

Irgendwann piepte Kids Armbanduhr.

»Das ist mein Zeichen, mich wieder mit Dad zu treffen.«

»Wir sind jeden Dienstag hier«, sagte Will.

An diesem Abend kam Kids Mutter zur Tür herein, ließ mit einem Plumps ihre Taschen fallen und sagte: »In drei Wochen fangen die Probeaufführungen an! Aufführungen! Off-Broadway!«

Ihre Augen traten richtig hervor, sie biss sich auf die Unterlippe. Dann taumelte sie ins Wohnzimmer und fiel aufs Sofa. Cat leckte ihr das Gesicht. Bob tätschelte ihr den Rücken.

Kid sang: »Oh, Mo-hom, du bist so ko-ho-misch, deine Nase ganz zitro-ho-nisch«, was Lisa fast immer aufheiterte.

Cat sang mit. »Wuu-huu-huu, wu-hu-hu-hu-huu-huu.«

Wer kann einem singenden Hund widerstehen?

Lisa, ganz offensichtlich. Sie blieb reglos liegen.

»Wie Streichhölzer sind deine Beine, wir haben dich trotzdem gern.«

Sie versuchten ihr zu versichern, dass alles gut würde:

Das Musical sei toll, Lisa wüsste, dass es toll sei, sie beide wüssten auch, dass es toll sei, es sei achtzehn Monate in Toronto toll gelaufen, es liefe in Chicago toll, es würde auch in New York toll laufen.

Selbst wenn es schreckliche Kritiken bekäme und nach einer Woche abgesetzt würde – sagte sie nicht ständig, dass Scheitern notwendig sei und man daraus lerne? Sagte sie nicht immer, dass man solche Sachen nicht persönlich nehmen dürfe? Manchmal trifft man bei Fantastillionen von Leuten einen Nerv, manchmal nur bei zweien. Davon wird das Stück kein bisschen besser oder schlechter.

Sie erinnerten sie daran, wie gut die Vorab-Besprechungen in der Presse gewesen waren.

Sie boten ihr an, Essen beim Lieferservice zu bestellen, normalerweise eine todsichere Methode, sie aufzumuntern.

Nichts. Sie starrte missmutig durchs Zimmer auf die Beine von Dougs Zeichenbrett.

»Hey, Mom«, sagte Kid. »Was ist mit dem World Trade Center passiert?«

»Was?«

»Will hat erzählt, dass seine Eltern im World Trade Center gestorben sind.«

Bob und Lisa wechselten einen bedeutungsvollen Elternblick, Lisa tätschelte Kids Hand, Cat legte den Kopf schräg, Bob setzte sich neben Lisa, und dann erzählten sie ihr die Geschichte.

»Ich habe gerade ein Stinktier in einer Animationsserie synchronisiert«, sagte Lisa. »Ich war also im Synchronstudio.«

»Und ich habe auf dich aufgepasst«, sagte Bob. »Du warst noch nicht ganz zwei. Es war ein herrlicher Tag. Elfter September. Fühlte sich noch gar nicht nach Herbst an. Ich habe dich im Buggy draußen rumgeschoben.«

»Ich bin mitten in meinem Text und stehe in so einer Sprecherkabine. Die Regisseurin steht in einer anderen Kabine, sie unterbricht mich und sagt, dass irgendwas passiert sei. Sie verlässt ihre Kabine, also folge ich ihr. Wir gehen in den Empfangsbereich des Studios, wo ein Fernseher steht, und darin fliegt ein Flugzeug in ein Bürohochhaus. Richtig mitten rein.«

»Du bist im Buggy eingeschlafen«, sagte Bob. »Also habe ich dich nach Hause gefahren und den Kinderwagen mit dir drin nach oben getragen, weil du nämlich immer aufgewacht bist, wenn wir dich rausgenommen haben. Und dann hat das Telefon geklingelt und ich bin ganz schnell rangegangen, damit du nicht aufwachst –«

»Und ich war dran. Weil wir alle das Gefühl hatten, wir müssen unsere Lieben anrufen und sagen: ›Schalt den Fernseher ein. Es ist was passiert. Ich kann es nicht erklären. Schnell, schalt den Fernseher ein.‹«

Die Mienen von Kids Eltern waren ganz ernst und irgendwie mitgenommen. Sie schaute zwischen den beiden hin und her, während sie erzählten.

»Also habe ich den Fernseher angestellt«, sagte Bobby. »Und da habe ich das Gleiche gesehen. Ein Flugzeug. Das in ein riesiges Bürohochhaus flog. In das World Trade Center in New York.«

»Was war da los? Wir wussten es nicht. Niemand wusste es. War es ein Unfall? War es Absicht?« Lisa atmete lange aus und beide legten eine Pause ein, ehe Bobby weitersprach.

»Es war Absicht.«

Lisa fuhr fort. »Und dann flog ein zweites Flugzeug in den zweiten Turm. Den Zwilling. Die Feuerwehr kam. Sie fingen an, die Türme zu evakuieren. Leute kamen aus den Hochhäusern. Sie strömten nach draußen. Und die Feuerwehrleute gingen rein.«

»Die Leute sind, so schnell sie konnten, raus aus dem Gebäude. Aber nicht alle haben es geschafft, bevor die Türme einstürzten. Das waren wirklich hohe Wolkenkratzer. Und man konnte nur über die Treppe nach unten.«

Kid merkte, dass ihr das Herz bis zum Hals schlug.

»Und dann sind die Gebäude eingestürzt. Sie sind zusammengebrochen«, sagte Lisa. »Fast dreitausend Menschen sind ums Leben gekommen.«

*Darunter auch Wills Eltern*, dachte Kid. *Will muss woanders gewesen sein. In der Kita. Oder bei seiner Großmutter.*

»Wer tut denn so was?«, fragte Kid.

Wieder schauten ihre Eltern einander an.

»Menschen, die Schrecken verbreiten wollen«, sagte ihr Vater. »Terroristen. Das sind Leute, die anderen Leuten so viel Angst machen wollen, dass die dann tun, was die Terroristen wollen.«

»Aber das ist keine richtige Antwort«, sagte Lisa.

»Nein«, sagte Bob.

Kids Eltern nahmen sie von beiden Seiten in den Arm. Sie machten ein Kid-Sandwich.

Kid wurde klar, dass sie schon mal von der Katastrophe gehört hatte. Die Leute redeten ständig darüber. *Nach dem elften September*, sagten sie. Sie hatte das nur nie so richtig begriffen.

Aber Will hatte es begriffen. Er hatte sein ganzes Leben davon gewusst.

Wie locker er es gesagt hatte: »Meine Eltern sind im World Trade Center ums Leben gekommen.«

Kid hatte schon lange nicht mehr bei ihren Eltern geschlafen, aber in dieser Nacht tat sie es. Sie fühlte sich, als hätte sie einen Albtraum gehabt, nur dass sie trauriger war als nach einem Albtraum.

Ihre Eltern waren wie warme Wände rechts und links von ihr. Keiner von ihnen schlief sonderlich gut. Sie hatten viel zu wenig Platz. Aber sie waren zusammen.

Außerdem machte sich Kids Mutter keine Sorgen mehr wegen der Premiere ihres Musicals.

Marek und Martin fuhren mit ihren Quads an der Verwerfungslinie entlang. Wo waren die ganzen Roboter? Sie waren weg. Es war ein Rätsel. Ein langweiliges, langweiliges Rätsel, das niemanden interessierte.

Löschtaste Löschtaste Löschtaste Löschtaste.

»Was ist hier los?«, rief Mara.

Ups. Löschtaste.

»Was ist hier los?«, rief Marek.

Joff seufzte, seine Hand hing über der Braille-Tastatur.

*Die Platten von Barifna* war schrecklich. Es war langweilig, es war hölzern. Holz war gut für Tische. Er klopfte auf seinen Tisch. Holz war gut für Hunde zum Darauf-Herumkauen. Er tätschelte Michigan den Kopf. Holz war gut für Puppen.

Eine einsame Holzpuppe.

Die einst ein Requisit bei der Verfilmung von *The Sound of Music* gewesen war und im Regal eines Sammlers Staub angesetzt hatte, bis sie schließlich versteigert wurde. Es kam zu einer erbitterten Bieterschlacht zwischen dem Agenten eines blinden Fantasy-/Science-Fiction-Autors und einer, hm – Investorin? Schauspielerin und Kellnerin? Laborantin? Puppenspielerin und Kellnerin? – mit honigsüßer Stimme namens, sagen wir, Mara.

»Glaubst du etwa, du kannst diesen Kampf gewinnen, Cowboy?«, murmelte Mara, als sie ihr Schild wieder hob, um das nächste Gebot abzugeben. »Du wirst dich wundern.«

Joff lehnte sich zurück. Vielleicht würde er sich mit Larry zum Mittagessen treffen. Vielleicht würde er in die Bibliothek gehen.

Aber er ging nicht in die Bibliothek. Sondern zum Washington Square. Wenn Leute ihn anbrüllten, als er an ihnen vorbeirollte, sagte er nur »Ahoi, Cowboy!« und lächelte.

Er kam gegen zwei Uhr nachmittags dort an und spielte mit Ginger, Mikael und Chili Schach.

»Hey, erinnert ihr euch an die Frau, mit der ich vor ein paar Tagen gespielt habe?«, fragte er.

»Die mit dem Afro?«

»Sie hatte einen Afro?«

»Magst du sie, Joff?«

»Joffey mag sie!«

»Joffey hat 'ne Freundin, Joffey ist verliebt!«

»Ich will doch nur wissen, ob irgendwer sie schon mal gesehen hat.«

Niemand hatte sie vorher oder seitdem gesehen. Joff fürchtete, dass sie eine Touristin gewesen war. Dass sie wieder dahin zurückgekehrt war, wo sie lebte.

Ihren Akzent konnte er nicht einordnen. Aus den Südstaaten kam sie jedenfalls nicht. Nicht aus Florida oder Texas oder Alabama oder Louisiana. Allerdings musste ja niemand für immer dort wohnen, wo er oder sie geboren wurde. Sie konnte auch in Minneapolis aufgewachsen und dann nach Florida gezogen sein. Sie konnte wie Joff in Holland geboren und mit zwei Jahren nach Vermont gezogen sein und dann im Alter von sechs bis vierzehn in Michigan gelebt haben.

Joff wünschte, er hätte Mara mehr persönliche Dinge gefragt. Was sie von Beruf war, wo sie wohnte, wie oft sie zum Schachspielen kam. Zum Schachspielen war sie sicher nicht nur einmal gekommen, klar, sie hatte ja über die anderen Spieler geredet, die sie für ein leichtes Opfer hielten. Joff wollte hören, wie sie »Cowboy« sagte. Er wollte hören, wie sie mit Michigan in ihrer süßen Hundestimme sprach. Er wollte mit ihr Schach spielen. Er wollte ...

Er wollte sie einfach wiedertreffen.

Das war alles.

Vielleicht würde sie am nächsten Tag wiederkommen.

Wie Joff.

Und am Tag danach. Und am nächsten Tag. Und am nächsten.

Am Tag, nachdem sie Will in Pernebs Grab getroffen hatte, verbrachte Kid den Morgen wieder in dem Museum, diesmal in der Abteilung Europäische Kunst. Als sie ins Museumscafé kam, um sich mit Bobby zu treffen, schaute der sich gerade Autorennen auf dem Computer an.

»Oh, hallo, Kid«, sagte er.

»Autorennen?«, fragte sie.

»Recherche«, antwortete er.

»Bobby«, sagte sie. »Willst du *wirklich* an diesem Stück schreiben?«

»Aber natürlich.«

»Wenn Mom an einem Stück arbeitet, dann macht sie irgendwie nichts anderes. Sie rennt herum und verstellt ihre Stimme. Selbst wenn sie die Wäsche macht –«

»Wir sind eben verschieden, okay?«, sagte er.

»Okay, Bobby. Ich hab nur gedacht, du wärst vielleicht glücklicher, wenn du –«

»Was? Wenn ich aufgeben würde? Ich kneife nicht, Kid. Du hast hier keinen Drückeberger vor dir. Und nenn mich nicht Bobby.«

Sie gingen quer durch den Park nach Hause. Kid ging voraus, die Karte in der Hand, und überlegte sich neue Routen, damit sie irgendwann vielleicht den gesamten Park kennen würden. Der heutige Weg führte sie am Schloss und am Shakespeare-Garten vorbei und wand sich dann über kurvige Waldpfade.

Und dann erhaschten sie plötzlich zwischen den Bäumen einen freien Blick auf Dougs Haus.

Konnte da wirklich eine Ziege auf dem Dach leben?

In diesem Moment war keine Spur von ihr zu sehen, aber eine Fassade oben am Dach versperrte die Sicht auf das Penthouse. Und wenn die Sicht auf das Penthouse versperrt war, konnte natürlich auch die Sicht auf die Ziege versperrt sein.

War da eine Ziege?

Das ergab überhaupt keinen Sinn.

Es war unlogisch.

Aber Kid würde trotzdem nach ihr suchen. Jeden Tag.

*Wenn es eine Ziege gibt*, dachte sie, *dann werde ich sie finden.*

Ihre Mutter brauchte Glück. Ihr Vater auch. Vielleicht brauchte sie selbst auch Glück.

Wer brauchte es nicht, wenn es darauf ankam.

Zuerst verlief Kids Suche nach der Ziege müßig und planlos. Mal suchte sie das Gebäude ab, wenn sie aus dem Park oder von der U-Bahn zurückkamen. Mal riskierte sie nach dem Mittagessen oder zwischen Bloggen und Mathe einen Blick aus dem Fenster. Sie stand bald auf ziemlich vertrautem Fuß mit einer schüchternen weißen Taube, die sich gern auf dem Fenstersims vor ihrem Schlafzimmer niederließ.

»Hallo, Ovid«, sagte sie zu der Taube – ein Name, der ihr einfach so in den Sinn gekommen war. »Bist du aber eine ängstliche Taube!«

Aber eine Ziege sah sie nicht.

Sie beschloss, systematischer vorzugehen, und erstellte eine Tabelle. Welches Fenster, welche Tageszeit, Beobachtungsdauer.

Es gab verschiedene Methoden, aus dem Fenster zu gucken. Sie konnte das Fenster öffnen und den Kopf hinausstrecken. Das war ihre bevorzugte Methode, denn so konnte sie den größten Teil des Gebäudes überblicken.

Das Haus war zwölf Stockwerke hoch. In jedem Stockwerk gab es unterhalb der Fenster einen Vorsprung, der etwa fünfundzwanzig Zentimeter breit war. Guter Halt für eine Ziege. Um den elften Stock herum verlief eine Kante, die deutlich breiter war. Hervorragender Halt für eine Ziege.

Zuerst hatte sie zwanzigminütige Wachen mit je einer Stunde Abstand dazwischen geplant, aber es war schwer, aufmerksam zu bleiben. Nach zwanzig Minuten Beobachtung kam ihr der Gedanke, dass eine Ziege auf diesen Vorsprüngen leben und herumspringen könnte, lachhaft vor.

Außerdem gab es so viele andere Dinge zu sehen – Menschen auf der Straße, die ängstliche weiße Taube auf dem Fenstersims, Radfahrer, Joff auf seinem Skateboard, ein Mann auf einem elektrischen Roller, Leute im Park.

Außerdem überlegte Kid, ob ein aus dem Fenster gereckter Kopf die Ziege nicht abschrecken würde. Ihre zweite Methode war also der schräge Blick.

Sie stellte sich einen halben Meter neben ein Fenster und spähte nach draußen, um so viel wie möglich von dem Vorsprung zu sehen. Das machte sie still und zu verschiedenen Tageszeiten.

Am dritten Tag ihrer Beobachtungen, gegen fünf Uhr nachmittags, schwang Ovid seinen mageren Hintern vom Fenstersims. Er flog kaum fünf Meter vom Gebäude weg, als ein Falke, der auf der Dachkante des Gebäudes gegenüber gesessen haben musste, sich auf die Taube stürzte.

»Du hattest recht, Ovid. Die Welt da draußen ist groß und furchterregend«, flüsterte Kid.

Aber dann dachte sie über den Falken nach, der tat, was er tun musste, und nun mal keine Wahl hatte. Tauben fressen (oder Spatzen oder Ratten) oder sterben. Kid nahm an, dass die Schönheit des Falken direkt mit seiner Fähigkeit zum Töten zusammenhing. Es war eine ganz andere Schönheit als die der Taube. Und dass der Mensch beide Schönheiten erkennen konnte und nicht die eine schön und die andere hässlich nannte, sagte eine Menge über den Menschen aus. Doch darüber konnte man wahrscheinlich noch jahrelang nachdenken.

Der nächste Tag war ein Dienstag.

»Gehen wir ins *Metropolitan Museum of Art*«, sagte Kid. Sie wollte Will sehen.

»Ist gut«, sagte Bobby.

Sie fand Will in Pernebs Grab, genau wie er gesagt hatte.

»Ha, jallo«, sagte er mit breitem Lächeln. »Bu dist kegommen!«

Kid erwiderte sein Lächeln. »Die weht es gir?«

»Gehr dut, sanke.«

Dr. Lomp, die wieder Kopfhörer trug, grüßte Kid mit einem Nicken.

Will sonnte sich geradezu in der Atmosphäre des Raums.

»Wirst du davon nicht auch ruhig und entspannt?«

Kid zuckte die Achseln. »Kann schon sein.«

Während Will Kontakt aufnahm oder was auch immer tat, untersuchte Kid die Wände mit all den Aufmärschen von Ägyptern, die Perneb Dinge brachten. Eines davon war eine Ziege, da war sie sich ziemlich sicher. Eine Gans und ein Lamm waren auch dabei.

»Komm«, sagte Will.

Wie beim letzten Mal gingen sie in den anderen Raum, den mit dem Fenster, durch das man den sitzenden Perneb sehen konnte. Es machte den Anschein, als würde er von der Sonne beschienen.

Kid versuchte sich vorzustellen, dass sie Bobby oder Lisa hier ausgestellt wären. Wenn sie sich Lisa als Statue vorstellte, würde die bloß eine halbe Sekunde still stehen und dann irgendwas Albernes machen, um Kid zum Lachen zu bringen – zwischen den Zähnen pulen oder so tun, als würde sie furzen.

Eine sitzende Bobby-Statue war noch schwerer vorstellbar. Sie konnte ihn nur halb in Pernebs Haltung sehen, und wenn sie es tat, stieg eine Art Gähnen in ihrer Brust auf, eine Leere, die größer war als alles, was sie bisher gekannt hatte. Sie verdrängte das Gefühl und sagte sich, die Statue sei Perneb. Perneb und sonst niemand.

Wieder wandten Kid und Will sich im selben Moment von Perneb ab, als hätten sie sich abgesprochen. Will führte Kid durch zahlreiche andere Räume im Ägyptischen Flügel. Irgendwann blieb er stehen und sagte: »Da gehts zum Tempel von Dendur. Den solltest du dir ansehen. Ich warte hier auf dich.«

Sie sah ihn fragend an.

»Fenster«, sagte er. »Du wirst schon sehen.«

Und sie sah es. Fenster nahmen eine ganze riesige Wand des Raumes ein. Er enthielt außerdem eine Art Burggraben, welcher den Vorplatz vom Tempel trennte.

Wills Angst brachte Kid ins Grübeln. Der Raum lag nicht hoch. Sondern im Erdgeschoss. Durch die Fenster sah man nur Bäume mit einem ersten Hauch von Herbstfarben und anderes Grünzeug.

Es fühlte sich beinahe so an, als wäre man draußen. Wieso sollte man davor Angst haben?

*Wieso sollte man Angst davor haben, Leuten in die Augen zu schauen?,* fragte eine Stimme in ihrem Kopf. *Wieso sollte man sich in ein Kaninchen verwandeln, wenn man eine Frage gestellt bekommt?*

Sie ging wieder zu Will und gemeinsam zogen sie weiter zur Abteilung Waffen und Rüstungen, dann zur Amerikanischen Kunst, und dann piepte ihre Uhr. Zeit, sich mit Bobby zu treffen.

»Hey«, sagte Will, »Wollt ihr mit uns picknicken? Wir essen normalerweise draußen, wenn es warm genug ist, und gehen dann zum Ground Zero, um ein Opfer zu bringen.«

Ground Zero. Den Ausdruck hatten ihre Eltern benutzt, als sie von den eingestürzten Türmen sprachen.

»Ich werde Bobby fragen«, sagte Kid.

Will und Dr. Lomp kamen mit ihr ins Café, Bobby sagte »Klar« und kaufte ihnen noch ein paar Sandwiches. Sie aßen auf einer Parkbank im Sonnenschein.

»Jeden Dienstag«, sagte Dr. Lomp, »gehen wir zum World Trade Center und gedenken Wills Eltern.«

»Wollt ihr mitkommen?«, fragte Will.

Kid und Bobby schauten sich an und nickten.

»Klar«, sagte Kid.

Sie packten ihre Sachen und machten sich auf den Weg.

»Sie haben sich bei der Arbeit kennengelernt, im Fahrstuhl«, sagte Will. »Sie haben sich immer angelächelt, bevor sie überhaupt wussten, wie der andere hieß.«

»Er war Softwareentwickler«, sagte Dr. Lomp.

»Und sie war Web-Designerin.«

Will und Dr. Lomp erzählten ihnen noch mehr über Wills Eltern – sie spielte E-Gitarre, er war Eiskunstläufer, sie mochte Brownies, er Comics –, während sie zur U-Bahn gingen und zu dem Ort fuhren, wo die Türme gestanden hatten. Sie erklärten, dass eine Gedenkstätte gebaut würde: zwei große quadratische Löcher im Boden, wo die Fundamente der beiden Türme gestanden hatten, zwei vierseitige Wasserfälle, die in tiefe, quadratische Becken stürzten, und in der Mitte ein weiteres Quadrat.

»Wie ein ägyptischer Grabschacht«, sagte Will.

*Wow*, dachte Kid. *Wow.*

Auf den ersten Blick hätte Kid gedacht, Ground Zero sei nur eine riesige Baustelle. Maschendraht, der mit durchsichtig grünem Stoff bespannt war, umzäunte das Gelände. Vier Kräne arbeiteten vor sich hin. Auf der anderen Seite war ein Teil eines neuen Turmes erbaut worden.

Sie gingen am Zaun entlang, während Dr. Lomp ihnen zeigte, wo die ursprünglichen Gebäude gestanden hatten und welche Gebäude ringsum beschädigt worden waren, als sie einstürzten.

Will nahm einen Brownie aus einer verschließbaren Plastiktüte in seiner Jackentasche, küsste ihn und warf ihn über den Zaun.

»Hey!«, schrie eine große Frau im orangen Pullover ihn an. »Was fällt dir ein, hier einfach deinen Müll reinzuschmeißen?«

»Ich bringe meinen Eltern ein Opfer dar«, sagte Will ruhig. »Sie sind hier vor einigen Jahren gestorben.«

»Ach, Süßer!«, sagte die Frau. »Das tut mir so leid!«

78

Sie kam auf sie zu.

»Bitte nehmen Sie mich nicht in den Arm«, sagte Will. Aber Dr. Lomp hatte sich schon zwischen die Möchtegern-Umarmerin und Will gestellt. Die Frau hielt sich die Hand vor den Mund, Tränen schossen ihr aus den Augen. Dr. Lomp winkte sie weg, und sie drehte sich um und ging.

Andere Menschen gingen kommentarlos vorbei, als Will einen Comic zusammenrollte und durch eines der unteren Karos im Maschendraht stopfte. Dann stand er auf, mit beiden Händen am Zaun, das Gesicht zum Draht gewandt. Er strahlte das gleiche Gefühl aus wie in dem Raum mit Perneb – eine Art schwermütige Gelassenheit.

Bobby griff nach Kids Hand.

Dann war Will fertig. Sie gingen einmal um das Gelände herum. Das ungeheure Ausmaß dessen, was sich hier ereignet hatte, als sie und Will noch Babys waren, wurde Kid wieder schlagartig bewusst.

Auf der Fahrt zurück zum Central Park schwiegen sie, doch als ihre Wege sich an der U-Bahn-Station trennten, sagte Bobby: »Vielen Dank dafür«, und auch Kid bedankte sich.

»Morgen fahren wir zu den *Cloisters*«, sagte Will. »Wollt ihr mitkommen?«

»Klar«, sagte Kid.

»Auf jeden Fall«, sagte Bobby.

Auf dem Heimweg ging Kid auf der anderen Straßenseite, um besser auf das Dach von Dougs Wohnhaus schauen zu können, und reckte den Hals.

Aber es war immer noch keine Ziege da. Jedenfalls sah sie keine.

Die *Cloisters* lagen oben in Washington Heights am Hudson River. Es handelte sich um ein nachgebautes Kloster, zu dem auch mehrere quadratische Gärten gehörten, die wiederum miteinander verbunden und mit überdachten Gängen umbaut waren. Das Ganze war eine Nachbildung mittelalterlicher Klöster aus Europa.

Dr. Lomp gab ihnen eine Führung durch die Gärten, zeigte ihnen die verschiedenen Pflanzen und erklärte, wofür sie genutzt wurden – manche als Farbpigment zum Malen, manche als Medikament, manche in der Küche – und welche chemischen Bestandteile für ihre Wirkung verantwortlich waren.

»Die weht es gir?«, flüsterte Kid.

»Schlicht necht«, sagte Will.

Es war ein warmer Tag mit einer leisen Kühle. Ein einsamer Schmetterling taumelte durch die Luft. Bobby lauschte begierig Dr. Lomps Erklärungen und bombardierte sie mit Fragen. Kid machte sich zahlreiche Notizen. Will zeichnete Pflanzen in sein Skizzenbuch und verschönerte sie dann mit Wasserfarben. Er bot Kid einen Bogen Aquarellpapier und einen Pinsel an. Gut gelaunt brachten sie den Vormittag herum.

Als sie gerade aufbrechen wollten, fragte Bobby, ob sie nicht zum Mittagessen zu ihnen kommen wollten.

Dr. Lomp und Will schauten sich an.

»Das ist sehr freundlich«, sagte Dr. Lomp. »Aber –«

»Habt ihr Jalousien an den Fenstern?«, fragte Will.

»Ja«, sagte Bobby überrascht. Kid hatte ihm nichts von Will und den Fenstern erzählt.

»Hättet ihr was dagegen, sie herunterzulassen, bevor ich reinkomme? Ich kann nicht aus Fenstern gucken.«

»Das können wir machen«, sagte Bobby.

»Dann ja«, sagte Dr. Lomp. »Das machen wir sehr gern.«

Auf dem Weg von der U-Bahn zur Wohnung sagte Kid zu Will: »Ich nabe hach der Schiege gezaut.«

»Glein Kück?«

»Nisher bicht.«

Wie Kid am Tag zuvor blieben sie so weit wie möglich von Dougs Wohnhaus entfernt stehen, um den besten Blick aufs Dach zu haben.

Keine Ziege.

Sie gingen ums Gebäude herum in die Gasse dahinter und schauten von dort nach oben.

Nichts. Weder auf der Feuertreppe noch an der Dachkante.

»Die Ziege will nicht gesehen werden«, sagte Dr. Lomp, als sie ins Haus gingen. Julio hatte Türdienst. »Es gibt ja nur eine begrenzte Menge Glück. Die Ziege kann sich nicht von allen sehen lassen.«

»Haben Sie die Ziege gesehen?«, fragte Kid.

»Mein Freund Herschel hat die Ziege gesehen«, sagte Dr. Lomp. Die Fahrstuhltür ging auf, sie stiegen ein.

»Ist Herschel nicht gestürzt und hat sich die Hüfte gebrochen?«, fragte Will.

»Doch, ja.«

»Da hat er ja nicht gerade Glück gehabt.«

»Er ist schon alt. Vielleicht war es sein Glück, dass er es überlebt hat.«

Kid fiel auf, dass Dr. Lomps Antwort noch ausstand, ob sie selbst die Ziege gesehen hatte. Sie hatte weder Ja noch Nein gesagt.

Kid fragte noch einmal nach.

»Die Ziege kümmert mich nicht«, sagte Dr. Lomp. »Was soll ich denn jetzt noch mit Glück? Brauche ich nicht. Mal habe ich es gut getroffen, mal schlecht. Ich bin aus einem Land voller Leid entkommen und habe es hierhergeschafft. Da hatte ich Glück. Ich hatte kaum Geld. Da hatte ich Pech. Ich habe einen Mann kennengelernt, mich verliebt und ihn geheiratet. Da hatte ich Glück. Wir hatten zwei Kinder. Da hatte ich Glück. Mein Mann ist gestorben. Da hatte ich Pech. Mein Sohn hat geheiratet und einen Sohn bekommen. Da hatte ich Glück. Mein Sohn und meine Schwiegertochter sind gestorben. Da hatte ich Pech. Mein Enkel lebt noch. Da habe ich Glück. Ich glaube an die Ziege, aber ich glaube nicht ans Glück.«

Die Fahrstuhltüren öffneten sich. Will fing an zu summen. Dr. Lomp legte ihm die Hand auf die Schulter. Bobby bog nach rechts ab und führte sie zu ihrer Wohnung.

»Wartet hier«, sagte er und schloss die Tür auf. Kid huschte nach ihm hinein. Cat trommelte mit dem Schwanz auf den Boden. Sie ließen die Jalousien an jedem Fenster herunter und schalteten das Licht an.

Will hielt die Hände an die Augen wie Scheuklappen. Er bewegte sich zögerlich, blieb stehen, ließ die Hände sinken und atmete seufzend aus.

»Danke. Ich glaube, jetzt komme ich klar.«

»Es ist nicht leicht, Einladungen anzunehmen«, sagte Dr. Lomp.

Nach dem Mittagessen zeigte Bobby Dr. Lomp, was er bisher von seinem Stück geschrieben hatte. Sie saß am Esszimmertisch und blätterte mit ernster Miene die Seiten durch, die er ausgedruckt hatte. Bobby schaute auf sein Handy und warf ihr zwischendurch ganz kurze Blicke zu. Ihr Gesicht verriet nichts.

Kid und Will versuchten abwechselnd, eine kleine Metallkugel durch ein dreidimensionales Labyrinth in einer durchsichtigen runden Plastikhülle zu steuern.

»Glaubst du wirklich, dass es hier eine Ziege gibt?«, fragte Kid Will. Ihre Kugel fiel herunter. Sie reichte Will die Plastikkugel.

Will zuckte die Achseln. »Es sind schon ganz andere Sachen passiert. Wenn es eine gibt, muss sie irgendwer gesehen haben, meinst du nicht auch? Du solltest mal rumfragen.«

Will beherrschte das Geschicklichkeitsspiel ausgezeichnet. Er war schon zehn Schritte weiter, als Kid gekommen war.

»Ich suche einfach alleine weiter«, sagte sie.

»Je mehr Leute du fragst, desto wahrscheinlich wird es, dass du jemanden findest, der sie gesehen hat. Wir könnten auch Herschel fragen, aber der ist noch im Krankenhaus.«

»Ich bin nicht so der Typ fürs Herumfragen.«

»Was soll das heißen?«

»Ich bin schüchtern.«

»Ehrlich?«

»Ja.«

»Wäre mir nie aufgefallen.«

Kid zuckte die Achseln.

»Wird dir dabei irgendwie schwindelig und du fällst in Ohnmacht?«

»Nein, mir wird total heiß, mein Herz schlägt ganz schnell und irgendwas in meinem Kopf hindert mich daran, Leute anzusehen, und ich will mich verstecken.«

»Hm«, sagte Will. »Wie wärs, wenn ich mitkomme?«

»Weiß nicht.«

»Wir fangen beim Portier an mit Üben«, sagte Will.

Ganz langsam kippte er das Labyrinth, sodass die kleine Metallkugel eine schmale Treppe hinabklapperte.

»Wir?«

»Du.«

»Wann?«

»Babtscha«, rief Will. »Wir fragen mal den Portier, ob er die Ziege gesehen hat.«

»Ich bin fast durch«, sagte Dr. Lomp und hob den Zeigefinger.

Will war immer noch mit der Plastikkugel zugange. Er hatte jetzt drei Viertel der Strecke geschafft.

Dr. Lomp blätterte die letzte Seite um. »Fertig.«

»Und?«, fragte Bobby. Er schaute wie ein Welpe.

Will legte das Spiel weg. Die kleine Kugel fiel herab.

»Gehen wir«, sagte er.

Dr. Lomp stand auf.

»Können sie nicht allein gehen?«, fragte Bobby. »Ist doch bloß bis ins Foyer.«

»Nein«, sagte Dr. Lomp. »Wir kommen gleich wieder.«

Will hatte es ernst gemeint, als er gesagt hatte, seine Großmutter ließe ihn nie aus den Augen.

Im Fahrstuhl wurde Kid nervös. Als die Tür aufging, schlug ihr das Herz schon bis zum Hals.

Sie bemerkte, dass Will den Kopf gesenkt hielt und seine Augen mit der Hand gegen den Anblick der Eingangstür abschirmte.

Julio saß auf einem hohen Hocker hinter einer Theke, las Zeitung und aß ein Sandwich. Kid schlich sich neben ihn. Wieder ließ sie das Wort *Ruhe* durch sich hindurchrieseln.

»Ähm«, sagte Kid und schaute auf Julios Schuhe. »Entschuldigung.«

Julio drehte sich um. »Was kann ich für dich tun, Kid?«

Kid zwang sich, den Blick kurz zu heben. Er hatte irgendwas am Kinn. Vielleicht Senf.

»Haben Sie jemals, ähm«, fing Kid an. »Haben Sie jemals das Gerücht gehört, dass auf unserem Dach eine Ziege lebt?«

»Eine was?«

»Eine Ziege.«

»So mit vier Beinen und Hörnern und einem Ziegenbart?«

»Genau.«

»Eine Ziege. Auf unserem Dach. Reden wir auch bestimmt über die gleiche Sache?«

»Ich glaube schon. Wenn man sie sieht, hat man sieben Jahre Glück.«

»Ach, *das* Gerücht.« Er verdrehte die Augen. Oder jedenfalls sprach er so, wie Leute sprechen, wenn sie die Augen verdrehen. »Das Gerücht habe ich natürlich nicht gehört. Das ist verrückt. Wie sollte eine Ziege auf unser Dach kommen? Ah, Moment mal. Du willst mir einen Bären aufbinden und keine Ziege, stimmts?« Er schlug sich auf den Schenkel.

Will sagte: »Ich glaube, Sie haben Senf am Kinn.«

Julio wischte sich mit dem Handballen übers Kinn.

»Trotzdem vielen Dank«, sagte Kid. Ihre Schläfen waren feucht, ihr Mund war trocken. Vielleicht hatte die rieselnde Ruhe sich auf ihre Zunge gelegt.

Aber sie hatte es getan. Sie hatte gefragt.

Als sie wieder in der Wohnung waren, sagte Dr. Lomp zu Bobby, sie glaube gar nicht, dass es in dem Stück um zwei Brüder und das Auto ginge, das sie auf Vordermann brachten – sondern um ihren Vater.

»Er wird das Auto klauen, nicht wahr?«, sagte sie. »Das sehe ich jetzt schon kommen. Genial.«

Bobbys Augen weiteten sich. »Das ist *tatsächlich* genial.«

Kid zeigte Will ihr Zimmer, ihr Klappbett und ihre Ziegensuchtabelle.

»Weißt du, was wir tun sollten?«, fragte er. »Wir sollten das ganze Haus befragen. Jeden Bewohner. Babtscha«, rief er und ging wieder ins Wohnzimmer. »Wir werden das ganze Haus befragen, um herauszufinden, ob jemand die Ziege gesehen hat.«

»Und das wollt ihr jetzt machen?«

»Ja.«

»Was soll das heißen, befragen?«, fragte Bobby.

»Wir werden an alle Türen klopfen und die Leute fragen: ›Haben Sie die Ziege gesehen?‹«

»Wir?«, fragte Kid.

»Wir.«

»Wo fangen wir an?«, fragte Dr. Lomp.

Kid seufzte. »Ich hole mein Klemmbrett«, sagte sie.

»Moment mal, Sie gehen auch mit?«, fragte Bobby Dr. Lomp.

»Ich gehe überallhin, wo Will hingeht«, sagte sie.

Kid holte ihr Klemmbrett und einen Stift. Sie und Will gingen den Flur entlang, wobei Will seinen Blick vor dem Fenster am Ende abschirmte. Dr. Lomp zockelte hinter ihnen her.

Auf ihrer Etage befanden sich acht Wohnungen.

Kid klopfte an die erste Tür. Ihr Herz raste und wurde dann ein wenig ruhiger, als niemand aufmachte. Sie wollte weggehen.

»Nicht so schnell«, sagte Will. Er klopfte noch einmal. Ein leises Stampfen war aus der Wohnung zu hören.

Schließlich öffnete eine ältere Frau mit Gehstock die Tür. Sie trug weite Kleidung und sah aus wie von Staub oder vielleicht Mehl bedeckt.

Will stupste Kid an.

Ihr Mund war trocken, ging auf und zu. Ihr Kopf drehte sich ganz von allein weg.

»Hi«, sagte sie trotzdem. »Wir sind Ihre Nachbarn. Also, ich jedenfalls. Das ist mein Freund Will. Wir ... Was machen wir noch mal, Will?«

Will hatte wieder den Kopf gesenkt und die Hände wie Scheuklappen vor den Augen.

»Wir machen eine Umfrage«, sagte er.

»Kein Interesse«, sagte die Frau.

»Nein, nicht so eine«, sagte Will, aber die Frau schloss die Tür schon wieder.

»Haben Sie eine Ziege auf unserem Dach gesehen?«, rief Kid durch den Spalt, der immer schmaler wurde.

*Klapp.* Die Tür schlug zu.

»Das lief ja gut«, sagte Will.

Kid fing plötzlich übermütig an zu lachen. Will lachte mit. Sie rannten zur nächsten Tür.

Keine der Türen in ihrer Etage wurde geöffnet, bis auf die letzte, hinter der eine junge Frau in Jogginghose erschien, die Wattebäusche zwischen ihren hellgrün lackierten Zehennägeln stecken hatte.

Kid schaffte es, sich auf das Kinn der Frau zu konzentrieren. Es bewegte sich. Sie aß eine Scheibe Toastbrot.

»Hi«, sagte Kid. »Wir haben ein Gerücht gehört, dass auf unserem Dach eine Ziege lebt, und jetzt machen wir eine Umfrage, ob sie jemand gesehen hat.«

»Entschuldigung, wie bitte?«

Kid wiederholte den Satz. Will hielt sich die Hände vor die Augen.

Die Frau lachte zuerst hoch, dann ganz tief. »Ihr wollt von mir wissen, ob ich eine Ziege auf unserem Haus gesehen habe.«

»Richtig.«

»Ach kommt, ihr wollt mich doch –«

»Ma'am, ich kann Ihnen versichern, dass wir es hundertprozentig ernst meinen«, sagte Will hinter seinem Handfernglas.

»Ähm, nein«, sagte sie.

»Vielen Dank für Ihre Mithilfe«, sagte Will.

Sie ließen es für diesen Tag gut sein, gingen zurück in die Wohnung und spielten Backgammon.

Am Montag holte Doris auf dem Rückweg von »Senioren helfen Schülern« die Post aus dem Briefkasten. Als sie sich von Jonathan verabschiedete, hatte er so getan, als spiele er ein Spiel auf seinem Tablet. Der Weizengrassaft und ein paar Cracker standen auf dem Beistelltisch. Als sie wiederkam, lag er schlafend im Sessel und der Weizengrassaft war nicht angerührt.

Ihn schlafend zu sehen, erfüllte sie mit Zärtlichkeit. Sie

setzte sich auf seine Armlehne und küsste ihn auf den Kopf. Er wachte auf, lehnte sich kurz an sie, ehe er sich versteifte und sich grummelnd räusperte.

Er fing an, eine Nachricht auf dem Tablet zu tippen. Doris gestattete sich die Hoffnung, dass er heute über alles hinwegkäme und endlich wieder Jonathan sein könnte.

*Ich*, schrieb er.

»Ja, Jojo«, sagte sie erwartungsvoll.

*Muss*, schrieb er.

»Ich muss«, wiederholte sie.

*Pinkeln*, beendete er den Satz.

Oje. Das war kein Gesprächsauftakt.

»Dann pinkel doch«, sagte sie. »Ich halte dich nicht auf.«

Sie ging in die Küche, um Mittagessen zu kochen.

Es machte sie wahnsinnig, dass er nicht mit ihr reden wollte. Er *könnte* dieses Tablet dazu verwenden, sich mit ihr zu unterhalten, aber er tat es nicht. Er schloss sie aus. Sie war der Feind. Weil sie wollte, dass er wieder gesund wurde. Weil sie ihn, nun ja, gut, ein bisschen *drängte*. (Doris nahm einen Topf aus dem Schrank.) Was war er doch für ein Baby. (Sie knallte den Topf auf den Herd.) Was für ein Kind. (Sie riss einen Karton Kürbissuppe auf und ließ sie in den Topf gluckern.)

Sie hörte die Toilettenspülung, hörte Jonathan mit der Gehhilfe vom Badezimmer zurück ins Wohnzimmer poltern. Sie schaute heimlich nach ihm, ob mit ihm auch alles in Ordnung war.

Ach, ihr mürrischer alter Liebster.

Es klopfte an der Tür. Das war seltsam. Es gab eine sehr strenge Politik im Haus, was Hausieren und dergleichen anging. Kein Greenpeace, keine politische Werbung, keine Pfadfinder.

Wer konnte also klopfen?

Ein Kind. Mit Baseballcap. Und einem Hund. Und einem Klemmbrett. Und noch einem Kind. Womöglich Autist. Versteckte die Augen hinter den Händen. Und eine winzige Oma, die sie vom Ende des Korridors beobachtete.

»Hi. Ich heiße Kid«, sagte das erste Kind und sah dabei Doris' Schulter an. Doris überprüfte, ob da möglicherweise ein Riesenklecks Suppe hing. Nein. »Ich bin gerade in die Wohnung 1005 gezogen. Ich führe im Haus eine umfassende Umfrage durch. Hätten Sie etwas dagegen, wenn ich Ihnen ein paar Fragen stelle?«

»Ich koche gerade Mittagessen und ich –«

»Haben Sie von dem Gerücht gehört, dass eine Ziege auf diesem Gebäude lebt?«

»Eine Ziege?«

Jonathan rief etwas.

»Ich bin gleich wieder da«, rief Doris. »Hier an der Tür ist ein Kind, das mich nach Ziegen fragt.«

»Oh ie e-ei«, sagte Jonathan.

*Also ehrlich*, dachte Doris. *Wenn er reden soll, sagt er nichts, und wenn man mit jemand anderem reden will, schreit er dazwischen.*

»Manche sagen, eine Bergziege, manche sagen, Hausziege.«

»Ich verstehe kein Wort. Was wollt ihr von mir?«

»Wir wollen wissen, ob Sie jemals eine Ziege auf dem Dach gesehen haben.«

»Ihr macht doch Witze«, sagte Doris.

»Oh ie e-ei!«, rief Jonathan.

»Jonathan! Ich rede mit unserer Nachbarin! Ich. Komme. Gleich.« Sie wandte sich wieder an das Kind. »Nein, ich habe keine Ziege gesehen.«

Das Kind seufzte und steckte den Bleistift weg. »Dann vielen Dank für Ihre Mithilfe.«

»Oh ei!«, stöhnte es.

»Ich komme schon, Jonathan«, sagte sie. »Bitte entschuldigt meinen Mann. Er hatte einen Schlaganfall.«

Die kleine Bande – Kinder, Hund, Oma – wandte sich zum Gehen.

»Wie soll denn eine Ziege auf unser Dach kommen?«, fragte sie sich selbst, während sie nach der Suppe sah.

4 Kenneth P. Gill – für seine Freunde nur Kenneth – wanderte nicht gern.

Er mochte Manhattan. Er mochte Restaurants, Konzerte, Theater, Menschenmengen, Beton, 24-Stunden-Imbisse, Lieferservices, Kinos, Fernsehen, Fitnessstudios und modische Schuhe.

Er fror nicht gern. Er schwitzte nicht gern. Er konnte Fleece nicht ausstehen. Er hielt sich fit, indem er auf dem Laufband joggte und dabei Wirtschaftsnachrichten auf einem Bildschirm schaute. Gleich danach duschte er.

Kenneths Vater hingegen hatte Wandern geliebt. Und Radfahren. Und Bergsteigen. Und Kanufahren. Alle Aktivitäten, bei denen man sich mit eigener Muskelkraft durch die Wildnis bewegte. Am liebsten monatelang. Kenneths Vater fror und schwitzte gern. Kenneths Vater war regelrecht angetan von dem, was er »guten, sauberen Dreck« nannte. Und vom Baden in Gletscherbächen.

Kenneths Vater war Anwalt in Seattle gewesen, wo Kenneth

auch aufgewachsen war. Kenneths Mutter hatte nichts gegen die Natur und frische Luft, solange man schnell genug wieder in den Genuss der klimatisierten Luft eines Gebäudes kam.

In Kenneths Kindheit verbrachte die Familie immer eine Woche ihres Sommerurlaubs in einer Hütte auf der Olympic-Halbinsel an der Pazifikküste. Dann fuhren Kenneth und seine Mutter zurück in die Stadt oder nach Ashland, um sich Shakespeare-Aufführungen anzusehen, während sein Vater zu irgendeiner Expedition aufbrach: Kajakpaddeln in Alaska, Bergsteigen in British Columbia, solche Sachen.

Einmal im Jahr bestand sein Vater auf einem gemeinsamen Vater-Sohn-Abenteuer.

Kenneth versuchte es zu mögen, mit dem Rucksack unterwegs zu sein. Nein, das stimmte nicht. Man kann überhaupt nicht versuchen, etwas zu mögen, wovon sich der Rücken in eine einzige Schweißfläche verwandelt. Etwas, wobei man hässliche Schuhe tragen muss, von denen man bei den ersten sechzehn Mal Tragen Blasen bekommt.

Die schönen Aussichten mochte er. Die waren nett. Aber um Bären wollte er sich keine Sorgen machen. Er hörte auch nicht gern, wie nachts Mäuse am Zelt hinaufliefen. Er lag nicht gern wach, während eine Mücke so um ihn herumschwirrte, dass er sich selbst halb bewusstlos klatschte, das Vieh aber nie erwischte. Er kackte auch nicht gern in ein Loch im Boden, das er selbst mit einem kleinen Spaten grub und anschließend wieder zuschüttete.

Aber er liebte seinen Vater mit seinem drahtigen Körper und

seiner sanften Seele. Also ging er mit. Und er tat so, als fände er es nicht absolut furchtbar. Und als er sechzehn war, sagte sein Vater zu ihm: »Dieses Jahr ist vielleicht das letzte Mal, dass wir das zusammen machen, Kenny.« Darum plante er eine Wandertour durch die Kaskadenkette in Kanada. *Eine Woche lang.*

Kenneth überlebte es. Sein Vater war glücklich. Es war irgendwie traurig, dass sein Vater so glücklich über schöne Aussichten und ihr Zusammensein war.

Wenn sie aus der Wildnis kamen, machte Kenneths Vater immer Witze darüber, wie streng sie bestimmt rochen. Er behielt diesen Geruch gern so lange wie möglich an sich. Er fand es gut, wenn andere Menschen fanden, dass sie müffelten, während es ihnen selbst gar nicht so vorkam – schließlich waren sie an ihren eigenen Geruch gewöhnt. Sein Vater wollte immer sofort in ein Restaurant und etwas essen, dann nach Hause fahren und dort duschen, aber Kenneth bestand darauf, dass sie an einem Motel anhielten und dort duschten und in einem richtigen Bett schliefen.

Unter der Dusche legte Kenneth dann im Strahl des herrlich heißen Wassers den Kopf nach hinten, ließ sich den Shampooschaum aus dem Haar spülen und sagte sich: »Ich muss das nie wieder machen.« Er lächelte, seifte sich ein und sang.

Im nächsten Sommer hatte er einen Ferienjob bei seinem Onkel an der Börse in San Francisco. Im Anschluss bekam er ein Stipendium an der Universität in New York, wo er seine Frau kennenlernte und blieb.

An jedem Weihnachten fragte ihn sein Vater, ob er ihn bei

der jeweiligen Expedition im kommenden Jahr begleiten wolle. Kenneth sagte Nein zum Denali, der Baffininsel, der Antarktis, Kamtschatka, der Wüste Gobi, der Insel Sachalin, dem Fuji, Nepal, zu den Anden, dem Amazonas, den Großen Seen, dem Appalachen-Wanderweg, dem Westküsten-Wanderweg, dem Columbia River, dem Nahanni River, Tasmanien, Neuseeland, den Sümpfen Floridas, dem Joshua-Tree-Nationalpark und der Sierra Madre.

Und dann starb sein Vater im Schlaf. Er wurde vierundsiebzig. Eigentlich gar nicht so alt. Kenneth hatte gedacht, er würde neunzig werden.

Im Testament wurde Kenneth gebeten, die Asche seines Vaters in der Kaskadenkette zu verstreuen. Das war seine liebste Expedition gewesen, stand im Testament. Es war nicht die längste oder die schwerste oder die weiteste gewesen, aber die beste, weil sein Sohn dabei war.

Und so wanderte Kenneth eines nebligen Tages Mitte Juni, als noch ein Hauch von Schnee in der Luft hing, auf einem schmalen Pfad zwischen einer Felswand und einem Gletschersee entlang.

Sein Vater hatte nicht genau festgelegt, wo er seine Asche verstreut haben wollte. Kenneth dachte, der See wäre vielleicht ganz passend, andererseits könnte es auch weiter oben auf dem Kamm einen Ort geben, der ihm besser gefiel. Die Asche befand sich in einer verschließbaren Plastiktüte, und er hatte sie in eine Tasche in der Fleecejacke seines Vaters gesteckt, um leicht dranzukommen.

Es war zum Glück eine große Tasche. Die Jacke hing auf der Seite herunter, weil die Asche schwer war – wie ein Sandsack.

Auf der Autofahrt hatte die Asche auf dem Beifahrersitz gelegen und Kenneth hatte mit ihr geplaudert.

»Du bist also das, was von Dad übrig ist, ja? Du siehst ihm gar nicht ähnlich. Er war irgendwie, na ja, fleischiger. Nicht so aschfahl. Haha.«

Kenneth sprach auf der ganzen Fahrt hin und wieder mit der Asche seines Vaters. Als er am Ausgangspunkt des Wanderwegs aus dem Auto stieg, versteckte er dort wie einst sein Vater die Autoschlüssel, damit sie nicht auf der Wanderung verloren gingen. Den schweren Aschebeutel stopfte er in die Jackentasche.

»Na, dann los, Dad. Wie weit solls gehen? Ich könnte dich auch hier schon rauslassen. Haha. War ein Witz.«

In Wahrheit war Kenneth einsamer, als er gedacht hatte. Und trauriger. Seine Frau hatte ihn verlassen. Sein Goldfisch war gestorben. Und wie sich zeigte, hatte er gar nicht so viele Freunde. Bevor seine Frau weggegangen war, hatte es sich ganz anders angefühlt. Sie hatte Abendessen und abendliche Unternehmungen mit anderen Paaren organisiert, sie war selbst eine tolle Gesellschaft gewesen und er hatte den Eindruck gehabt, sie hätten jede Menge Freunde.

Als seine Frau ihn verließ, hatte ihn das vollkommen überrumpelt. Er hatte gedacht, sie kämen prima miteinander aus, aber sie hatte sich in jemand anderen verliebt.

Diese ganze Geschichte erzählte er der Asche seines Vaters.

Wie sie nach Florida gezogen war, wo ihr neuer Freund auf Key West ein Bildhaueratelier und ein Fischerboot hatte. Wie schlecht es ihm gegangen war.

Die Asche antwortete nicht, und nachts steckte Kenneth sie in seinen Schlafsack, wenn er zu den Sternen hinaufblickte.

Sein Vater hatte es geliebt, unter den Sternen zu schlafen. Wenn Kenneth auf eine bestimmte Weise atmete und seinen Gedanken freien Lauf ließ, spürte er seinen Vater neben sich. Die Hände unter dem Kopf, auf die Sterne konzentriert, sagte der: »Da ist wieder eine«, jedes Mal, wenn eine Sternschnuppe fiel. »Die Welt ist wunderschön, mein Sohn.«

»Sie hat aber auch beschissene Momente, Dad«, entgegnete Kenneth.

»Aber jetzt ist es doch nicht so einer, oder?«

»Na ja, abgesehen davon, dass du tot bist. Das ist ein bisschen beschissen.«

Dann lagen sie eine ganze Weile schweigend nebeneinander, Kenneth und sein eingebildeter Vater.

»Wieso findet eigentlich jeder die Sterne schön?«, fragte Kenneth. »Ich meine, da sind wir uns doch alle einig, oder? Aber wie kommen wir darauf?«

»So sind wir eben, würde ich sagen.«

»Wenn wir nicht da wären, wären die Sterne dann immer noch schön?«

Tau legte sich auf Kenneths Schlafsack, er wurde feucht und ungemütlich. Wenn er nach links rutschte, lag ein Stein unter seinem Schulterblatt, wenn er nach rechts rutschte, eine

Baumwurzel. Sein Gesicht, das aus dem super-duper-extrawarmen Schlafsack seines Vaters ragte, war eiskalt. Ihm lief die Nase.

»Ist die kalte Luft nicht herrlich?«, fragte Kenneths Vater.

»Nein«, antwortete Kenneth. Sein Atem machte kleine Wölkchen.

»Ach, komm schon.«

»Du bist doch eigentlich gar nicht da.«

In Kenneths Brust öffnete sich etwas und er fing an zu weinen, weil er seinen Vater vermisste. Er fühlte sich einsam. Er hatte das Gefühl, es *gab* gar keine anderen Leute, er war der letzte Mensch, der einzige. Und es lag nun an ihm, die Schönheit in allem zu sehen, denn wenn er nicht mehr da war, gab es auch keine Schönheit mehr – schließlich war kein menschliches Bewusstsein übrig, das sie wahrnehmen konnte.

Er fragte sich, ob Tiere wohl auch begreifen, was Schönheit ist. Vielleicht. Aber irgendwie waren sie ja selbst so schön, dass sie Schönheit eigentlich gar nicht sehen konnten. Sie konnten nicht neben sich stehen, um sie zu erkennen.

Er hörte Geraschel – wahrscheinlich Mäuse – und wünschte, er hätte doch das Zelt aufgeschlagen. Er bezweifelte, dass er würde schlafen können. Seine Hände waren ganz verschwitzt.

Er spürte, wie er aus sich heraustrat, wie er aus seiner Brust und zu den Sternen hinaufwanderte, sodass im Schlafsack nur eine Art Hülle zurückblieb, eine Kenneth-Hülle.

Und dann wurde ihm bewusst, dass er aufwachte.

Es war neblig. Nicht durchgehend neblig, eher so strichweise. Nebel wie wandernde Wolken. Kenneth machte sich Haferbrei aus der Tüte warm, packte alles wieder ein und ging weiter.

»Woher weiß ich es, Dad? Woher weiß ich, dass es Zeit ist, dich zu verstreuen?«

Er fühlte sich komisch. Irgendwas geschah mit ihm. Die üblichen Unannehmlichkeiten machten ihm nicht mehr so viel aus.

»Ist es besser, im Wasser zu sein oder auf dem Land?«, fragte er. »Möchtest du an einem einzigen Ort sein?«

Was bedeutete es, die Asche eines Menschen zu verstreuen? Wie begann das Leben? Wie endete es?

Es war schwer vorstellbar, dass es nicht irgendwo einen fortlaufenden Lebensstrom geben musste. Man tauchte auf, wenn man gezeugt wurde, der Strom trug einen eine Zeit lang mit sich, und dann floss er anderswohin.

Einen Himmel konnte sich Kenneth nicht vorstellen. Zu statisch.

Aber einen Fluss. Oder ein Band. Etwas Langes, Dauerhaftes, das wahrscheinlich Schleifen formte und sich ab und zu durch ein Gewebe schlängelte, hin zu einem unbekannten Gebiet und wieder zurück. So was konnte er sich schon eher vorstellen.

Während er mit diesen Gedanken im Kopf durch die Nebelschwaden tappte, wurde der Weg allmählich härter. Keine kissenweiche Erde und Nadelpolster mehr, sondern Kiesel und Steine auf felsigem Grund.

Und hier zu seiner Rechten war auch kein Wald mehr, sondern eine Felswand, kaum eine Armlänge entfernt. Zu seiner Linken fiel wiederum eine Armlänge entfernt der Felsen steil ab. Unten war Wasser.

Dann lichtete sich der Nebel, Kenneth sah den See und seine grünen Böschungen, die sich die Berge hinaufwellten, und am fernen, gegenüberliegenden Ufer einen kalbenden Gletscher, und Bäume und Schnee und Gipfel und Wolkenfetzen.

Er ging auf einem schmalen Pfad am See entlang. Der Fels war auf beiden Seiten steil, die Wasserfläche etwa zwei Buslängen unter ihm.

»Hier«, sagte die Tüte zu Kenneth.

»Hier?«, hakte Kenneth nach. Er wollte eigentlich weitergehen. Selbst wenn dies der richtige Ort zum Verstreuen der Asche war und er hier den Zweck seiner Wanderung erfüllt hätte. Er würde seinen Vater ehren, indem er den ganzen Weg entlangwanderte, die komplette Strecke, obwohl es nicht nötig war. Selbst wenn er die Asche hier ausleerte, auf dieser Klippe, direkt über dem Wasser.

Er öffnete den Verschluss der Tüte. Er schaute hinein.

»Bereit?«, fragte er.

Er holte tief Luft und atmete wieder aus. Er hielt eine Hand unter die Tüte, spürte ihr Gewicht darin ruhen. Dann zog er die Ränder der Tüte nach unten, stülpte sie fast um. Und schließlich warf er die Asche so, dass sie wie ein weiter Baseballschlag fliegen sollte.

So hoch stieg sie natürlich nicht, aber sie zog beim Fallen

einen herrlichen grauen Bogen. Und dann sprenkelte sie die Felswand und platschte ins Wasser.

Er schüttelte die umgekrempelte Tüte aus. Die letzten paar Krümel fielen auf den Weg zu seinen Füßen. Er bückte sich und sah sie voller Zuneigung an, wie ein wildes Tier, das er von eigener Hand aufgezogen hatte und jetzt wieder in die Wildnis entließ.

»Lauf. Na los. Lauf.«

Während Kenneth P. Gill die Asche seines Vaters in der Kaskadenkette verstreute, waren Jonathan und Doris segeln. Endlich.

Es war harte Arbeit gewesen, Jonathan zur Pensionierung zu überreden, aber als er zweiundsiebzig wurde, gelang es Doris schließlich. Jetzt war es Zeit für ihr großes Segelabenteuer. Jetzt, wo sie beide noch gesund waren. Ihr Plan war, gemütlich und entspannt an der Atlantikküste hinunterzusegeln, die Karibik zu erkunden, durch den Panamakanal zu fahren, an der Westküste wieder hinauf und dann den ganzen Weg wieder zurückzusegeln.

Zwei Jahre lang arbeiteten sie jedes Wochenende daran, ihr Boot in Schuss zu bringen, sich alle Notfallmaßnahmen einzubläuen und mit starken Winden und widrigem Wetter umzugehen. Sie belegten Kurse. Im Long Island Sound übten sie »Mann über Bord« und retteten sich gegenseitig.

Auch das war harte Arbeit für ein Ehepaar Anfang siebzig.

Ihre Freunde konnten es kaum fassen, vor allem nicht, dass sie sich freiwillig in den Long Island Sound stürzten. Sie waren beide gesund und fit. Man hätte sie eher für Mitte fünfzig gehalten als siebzig.

An Bord genoss Doris es besonders, dass sie Jonathan jetzt ganz für sich allein hatte. Sie spielten Scrabble. Sie lasen sich gegenseitig aus Büchern vor. Sie sangen Lieder aus ihrer Jugend. Sie sprachen über ihre erwachsenen Kinder.

Das Wetter war bis auf einen Tag mit Regen und schwachem Wind gut. Der heftige Sturm, den sie gefürchtet hatten, zog an ihnen vorbei.

Sie nannten es nie ihre zweiten Flitterwochen, aber es fühlte sich so an. Nach so vielen Jahren endlich wieder eine Zeit, die ganz allein ihnen gehörte, die nur aus ihnen bestand.

Sie waren noch zwanzig Seemeilen vor Bermuda und Doris stand am Steuer. Es war ein Uhr mittags, ein herrlicher Tag.

Jonathan machte gerade Mittagessen. Er war sehr zufrieden mit seinen kulinarischen Erfolgen an Bord. Zufrieden, dass er im kleinen Kombüsenofen Fladenbrot backen konnte, dass er Bohnensprossen hatte keimen lassen und sie so frisches Grünzeug hatten.

Er kam triumphierend den Aufgang aus der Kabine herauf. Doris sah seinen beschwingten Schritt, hörte sein unbewusstes Summen.

Und dann sah sie, wie er stehen blieb. Wie seine linke Hand das Tablett fallen ließ. Wie er nach rechts schwankte. Wie er den Aufgang hinunterstürzte.

»Jonathan!«, rief sie.

Sie fixierte das Steuer, um den Kurs zu halten, und rannte zur Luke. Er lag unten, bei Bewusstsein, halb gelähmt. Schlaganfall? Herzinfarkt? Sie wusste sofort, es war eins von beiden. Sie fasste nach seinem Puls. *Schnell, aber regelmäßig*, dachte sie, auch wenn ihr eigener Puls raste wie der eines verschreckten Kaninchens. Sie überprüfte seine Atmung. Zitternd, aber regelmäßig. Seine Pupillen – die rechte war doppelt so groß wie die linke.

Schlaganfall.

»Alles in Ordnung, Jojo«, sagte sie. »Wir sind fast in Bermuda. Ich funke um Hilfe.«

Er sagte etwas, was sie zuerst nicht verstehen konnte. Als sie zum Funkgerät rannte, begriff sie, was es gewesen war.

»Ich liebe dich auch«, rief sie und funkte um Hilfe.

Ein Boot der Küstenwache von Bermuda kam, um ihn abzuholen. Es waren die längsten vier Stunden, an die sie sich erinnern konnte. Schließlich legte sie mit dem Boot an, nahm ein Taxi ins Krankenhaus und hielt Jonathans Hand.

Als er wieder genug bei Kräften war, flogen sie zurück nach New York und Jonathan begann mit der Reha.

Er hasste die Reha. Er streikte. Er saß bloß schlaff und wütend und maulfaul da.

»Wenn er aufgibt, gebe ich auch auf«, sagte Doris zu ihrer Freundin Charlotte.

Aber in Wirklichkeit war Doris gar nicht dazu fähig aufzugeben. Und sie wusste auch, dass Depressionen und Stimmungsschwankungen zu Schlaganfällen und der Genesung gehörten. Also wappnete sie sich und machte weiter, versuchte weiter fröhlich zu sein, redete weiter mit Jonathan.

Eines Tages würde er wieder der Alte sein. Das musste er einfach.

Die Menschen glauben, dass Bergziegen niemals abstürzen. Wie sollte der Inbegriff von Geschicklichkeit und Gleichgewicht auch stürzen? Unmöglich.

Aber Bergziegen leben auf Bergen. Und Berge sind steil und hoch und die Schwerkraft zieht nach unten.

Also, ja: Manchmal stürzen sie ab.

Aber das war es nicht, was der Mutter der Bergziege passierte. Nicht ganz.

Die Mutter der Bergziege sprang.

Aber vorher brachte sie noch ein Zicklein zur Welt. Sie war trächtig und sprang an der Bergflanke entlang, als sie plötzlich dachte: *Oh. Vorsprung. Ich brauche einen Vorsprung. Einen Vorsprung mit ein bisschen Gras und viel Schutz vor Angreifern.*

Also suchte sie sich einen solchen Vorsprung.

Und dann dachte sie: *Jetzt werde ich gebären.*

Das tat sie. Und heraus kam ein kleiner nasser Sack Ziege.

Sie leckte den Sack ab. Das Zicklein war klein und hatte ein kurzes, kleines Gesicht mit schmalen Nüstern, und nachdem sie es abgeleckt hatte, wurde sein Fell flauschig. Es konnte schon ein bisschen meckern und mit dem Kopf in die Luft stoßen, bis es gefunden hatte, was es suchte.

Die Zitze der Mutter. Milch.

Ein Nebelschleier senkte sich auf sie. Sie schliefen und ruhten sich aus. Dann verspürte die kleine Ziege, das Zicklein, einmal den komischen Drang, diese dünnen Beinchen auszuprobieren, die an seinem Körper hingen.

Hepp. Hopp. Hopp-hopp. So. Ooh. Huh. Die sind aber wacklig. Aber auch lustig. Huch. Guck mal! Guck mal! Wenn man das macht, geht es vorwärts! Oder warte mal. Wenn man so macht, geht es rückwärts! Und man kann auch nach oben! Das ist ja unglaublich. Wow!

*Ja, das nennt man Herumtollen,* sagten die Augen seiner Mutter. *Bleib von der Kante weg. Beruhige dich.*

Beruhigen? Machst du Witze? Das ist unglaublich hier. Das ist das beste Gefühl auf der ganzen –

Nein, Moment. Milch. Milch ist das beste Gefühl. Das hier ist zweitbeste Gefühl auf der ganzen – uff. Wer hätte das gedacht? Man kann nicht mit allen vieren von diesen Dingern gleichzeitig ausschlagen? Man lernt nie aus.

Irgendwann beruhigte sich die kleine Ziege. Aber meine Güte! Treten und springen und im Kreis drehen, das war einfach unfassbar großartig!

Sie blieben etwa eine Woche auf ihrem grasigen Felsvorsprung. Der war ungefähr zwei Ziegenmütter breit und vier Ziegenmütter lang, und während das Zicklein herumtollte, graste die Mutter.

Bald schon war kein Gras mehr übrig und das Zicklein stark genug und sicher genug auf den Beinen, um der Mutter die Felskante entlang zu folgen.

An dem Tag herrschte strichweise Nebel. Der sich plötzlich auflöste. So konnte ein Steinadler das einwöchige Ziegenjunge entdecken, das seiner Mutter folgte. Auf einer Felskante. Dreißig Meter über einem vierzigjährigen Mann, der irgendwelchen grauen Schotterstaub in die Luft warf.

Der Adler schoss herab. Die Ziegenmutter bemerkte eine Bewegung in der Luft und wandte den Kopf. Noch mehr Bewegung. Da oben.

Der Adler streckte die Krallen vor. Die Ziegenmutter senkte den Kopf und sprang den Adler an.

Paff. Getroffen. Die Krallen des Greifvogels schlugen nicht in Zickleinfleisch, sondern in Ziegenfell.

Nachdem Kenneth P. Gill der Asche seines Vaters hinterhergeschaut hatte, wie sie unten in den See fiel, stand er wieder auf und wischte sich die Hände ab.

Ein Adler schrie. Er schaute nach oben. Zwei weiße Dinge stürzten auf ihn zu, ein großes und ein kleineres.

Ziegen. Ziegen sausten durch die Luft. Die kleine flog direkt auf ihn zu. Er musste nur – *Wump!* – die Arme ausstrecken und sie – *Uff!* – auffangen. Kenneth ging in die Knie, um den Aufprall abzufedern, und bremste den Sturz mit den Armen.

Das Herz des Zickleins schlug wie verrückt – das merkte er gleich – und es wand sich, kämpfte.

Und dann schauten die Augen der Ziege in seine, und sie beruhigte sich, und jetzt merkte er, wie schnell *sein* Herz schlug.

»Dad?«, sagte Kenneth.

Die Ziege schaute ihn an. Diese Augen. Das waren die Augen seines Vaters.

Der Strom des Lebens. Das war irgendein verrücktes Wunder. Vielleicht war es aber auch gar nicht so verrückt. Und nicht mal ein Wunder.

*Vielleicht*, dachte Kenneth P. Gill, *ist das ein ganz alltägliches Ereignis.*

Sobald Kenneth die kleine Ziege auf den Boden gesetzt hatte, trottete sie zu ihrer Mutter und stupste sie mit der Nase an. Kenneth wusste nicht, dass die Ziegenmutter ihr Kind davor gerettet hatte, Adlerfrühstück zu werden. Er dachte, sie hätte eine Art Ziegenselbstmord begangen, um ihr Kind, die Wiedergeburt ihres Vaters, in seine Arme zu werfen.

Er dankte ihr.

Die kleine Ziege hob den Kopf, meckerte, schaute Kenneth an und trottete direkt auf ihn zu. Sie stieß mit dem Kopf gegen Kenneths Schienbein.

Kenneth überlegte, ob er seine Wanderung fortsetzen sollte. Er überlegte, ob er mit seinem Ziegenvater in der Wildnis leben sollte. Aber das Ziegenbaby stieß immer wieder gegen seine Beine. Es wollte Milch und fraß noch nichts anderes.

Kenneth mischte ein bisschen Milch aus Pulver an, aber das war eindeutig nicht das, was die Ziege sich vorgestellt hatte.

Er musste irgendwo Ziegenmilch auftreiben.

Er wusste nicht, dass Bergziegen genau genommen gar keine Ziegen waren, sondern eine Antilopenart. Und wenn sein eigenes Essen alle war, was wollte er dann machen? Er wusste nicht, wie man in der Wildnis Nahrung sucht. Und ganz bestimmt wäre er nicht in der Lage, irgendetwas zu töten, um es zu essen.

Kenneth entschied, dass er seinen Vater in Ziegenform mit nach Hause nehmen musste. Er würde all die verlorene Zeit wieder aufholen, all die Expeditionen, die er verweigert hatte.

Die Fluggesellschaft allerdings würde Fragen stellen. Wahrscheinlich gab es ein Gesetz zum Transport von Wildtieren. Wahrscheinlich brauchte man eine Bescheinigung.

Also beschloss Kenneth, dass er und die Ziege einen Roadtrip quer durch Amerika machen würden.

Im Auto kamen sie sich näher, fand Kenneth. Während Kenneth redete, sprang die Ziege vom Vordersitz auf den Rücksitz, von einer Seite des Autos auf die andere, bis sie müde wurde und sich zum Schlafen zusammenrollte. Nachts in den Motelzimmern trank sie fünf oder sechs Fläschchen Ziegenmilch, die Kenneth tagsüber im Supermarkt gekauft hatte, tobte über das Mobiliar und kuschelte sich dann zum Schlafen an Kenneth.

Es gab auch Zwischenfälle. Einmal, als Kenneth mit offenem Fenster fuhr, hüpfte die Ziege auf Kenneths Schoß und wäre geradewegs aus dem Fenster gesprungen, wenn Kenneth sie nicht mit dem Arm aufgehalten hätte.

»Ich weiß, Dad, du sprühst vor Energie«, sagte Kenneth.

»Aber das darfst du nicht. Ein Glück, dass wir nicht von der Straße abgekommen sind! Ich entschuldige mich hiermit für all die Male, als ich gefragt habe, ob wir schon da sind, okay?«

Ein anderes Mal standen sie an einer Tankstelle in Illinois, als jemand an der Nachbarzapfsäule sah, wie die Ziege im Auto herumtollte und sich dann mit den kleinen Hufen an der Scheibe abstützte.

»Was ist das denn für ein Tier? Sieht aus wie eine ... Bergziege.«

»Gutes Auge«, sagte Kenneth – ganz lässig, wie er fand. »Das ist tatsächlich eine Bergziege. Ein verwaistes Junges. In den Bergen gefunden. Ich bringe es in den Central Park Zoo in New York.« Innerlich schauderte es ihn bei der Lüge.

*Tu einfach so, als wäre es wahr,* sagte er sich. *Es stimmt ja auch fast. Lalala. Überhaupt nicht seltsam, dass ich eine Bergziege in einem gemieteten Kombi herumfahre. Lalala.*

»Wow«, sagte der Typ, hängte den Tankstutzen wieder ein und schraubte seinen Tankdeckel zu. »Na, dann noch einen schönen Tag.«

Puh.

»Das war knapp, Dad«, sagte Kenneth, als sie wieder auf den Highway fuhren.

Zurück in New York schien Kenneths Plan immer unrealistischer. Aber gerade da schaute die auf dem Beifahrersitz zusammengerollte Ziege zu ihm auf und es gab keinen Zweifel mehr.

Das waren die Augen seines Vaters und sie sagten: »Ich liebe dich, Kenneth. Vielen Dank.«

Schließlich schafften sie es bis Manhattan und zu Kenneths Wohnhaus. Eine kleine, mühelose List (»Julio, können Sie mal eben meinen Rucksack vom Bordstein holen? Ich bin gleich wieder unten und hole ihn«) lenkte den Portier ab, während Kenneth die Ziege in seine Regenjacke wickelte, und schon waren sie drin.

In der Wohnung setzte Kenneth seinen Vater sofort auf den Boden. Als die kleinen Hufe auf dem Parkett klapperten, wusste er gleich, seine Nachbarn von unten würden keine Freude an seiner neuen Mitbewohnerin haben. Kenneth warf alle Handtücher auf den Boden, alle Bettdecken. Er rannte nach unten, um seinen Rucksack von Julio zu holen, kam wieder nach oben und bedeckte so viel vom Fußboden, wie er konnte.

Er brauchte was zu essen. Zwar konnte er selbst sich Essen liefern lassen, aber was konnte er der Ziege bestellen?

Die Ziege sprang gern auf den Couchtisch, vom Couchtisch auf den Beistelltisch, vom Beistelltisch auf den Esszimmertisch, vom Esszimmertisch auf die Anrichte, von der Anrichte auf die Fensterbank auf den Esstisch auf die Arbeitsplatte in der Küche.

Da der Fußboden jetzt mit weichen Stoffen bedeckt war, würde sie natürlich keinen Huf mehr daraufsetzen.

Dann fing sie an, Kenneths Hemden zu fressen.

»Dad«, sagte Kenneth, »ich weiß ja, du bist verspielt und so, aber könntest du mir einen Gefallen tun und dich mal eine Weile ruhig verhalten?«

Ziegenkacke war leicht zu beseitigen. Ordentliche kleine Kügelchen, die man nur aufsammeln und im Klo herunterspülen musste. Auch wenn er zu Anfang ein paar davon zertreten hatte. Ziegenpisse war schon schwieriger. Er versuchte seinem Vater anzugewöhnen, auf Zeitungen zu pinkeln, aber ohne großen Erfolg. Am Ende musste er sehr viele Handtücher waschen.

Am nächsten Tag erledigte Kenneth seine Wäsche, räumte seinen Kühlschrank aus, kaufte Lebensmittel, darunter Ziegenmilch für beinahe hundert Dollar, und fragte sich, wie er seinem Vater genug Bewegung verschaffen konnte. Vielleicht konnte er einen Gürtel als Halsband inklusive Leine verwenden? Er versuchte es, aber sein Vater wollte nichts davon wissen. Auf keinen Fall würde er sich von Kenneth irgendwas über den Kopf ziehen oder um den Hals legen lassen.

»Ich weiß, du bist ein Freigeist, Dad, aber bitte. Versuch doch mal, dich in meine Lage zu versetzen.«

Andererseits: Falls es ihm gelang, der Ziege irgendeine Art Leine anzulegen, was wollte er dann machen? Mit ihr Gassi gehen? Den Fahrstuhl nehmen und durch das Foyer spazieren, wo ihn alle sehen konnten? Kenneth war ziemlich sicher, dass Ziegen nicht auf der Liste der im Haus gestatteten Haustiere standen.

Am nächsten Tag musste Kenneth zur Arbeit.

»Mach bitte keinen Ärger«, sagte er zu seinem Vater und wedelte mit dem Zeigefinger.

Er ließ ihm einen Eimer voll abgemähtem Gras da, das er im Park geklaut hatte. Auf dem Heimweg kaufte er noch mehr Ziegenmilch.

Eines Nachts im Juli wachte Kenneth um drei Uhr morgens auf, weil es in seinem Zimmer so heiß war, dass er einen Augenblick dachte, er sei in einer Sauna. In einem Backofen. Einem Brennofen. Es war unerträglich. Er musste ein Fenster öffnen. Er musste alle Fenster öffnen.

Er fiel wieder ins Bett. Ein leises Geräusch, das wie *duff-duff* klang, drang an sein Ohr.

Wie die Hufe einer Bergziege auf einer Fensterbank. Er richtete sich gerade noch rechtzeitig auf, um zu sehen, wie die Ziege verschwand.

»Daaaaad!«, schrie er und raste zum Fenster.

Draußen befand sich direkt unter dem Fenster eine schmale Kante an der Fassade. Darauf stand die Ziege, aber es sah so aus, als liefe sie auf nichts, auf Luft. Es brauchte nur so wenig, nur einen winzigen Fehltritt, und die Wiedergeburt von Kenneth P. Gills Vater würde zum zweiten Mal sterben – in den Tod stürzen.

»Dad«, zischte Kenneth aus dem Fenster, »komm zurück. Hierher.« Die Ziege balancierte weiter auf der Kante entlang.

Kenneth rannte mit zitternden Händen zum Kühlschrank und füllte ein Fläschchen mit Ziegenmilch. Dann rannte er zurück zum Fenster.

»Ich habe dein Milchfläschchen hier! Komm, hol es dir.«

Aber die Ziege nahm keine Notiz von ihm.

Sie sprang. Kenneth hielt sich die Augen zu.

Dann hörte er sie landen und öffnete die Augen wieder. Die Ziege stand auf der Fensterbank der Nachbarwohnung.

Als was würde sein Vater das nächste Mal wiedergeboren werden? Als Ziege hatte er ja nicht besonders viel Zeit gehabt. Was hatte er in so einer kurzen Zeit lernen können? All das zu begreifen lag jenseits von Kenneth P. Gills Fassungsvermögen. Das akzeptierte er. Er akzeptierte alles.

Den Verlust seines Vaters, seiner Frau, seiner Träume, seines Trostes.

Er ließ das Fenster offen und den Eimer mit Gras direkt darunter auf dem Fußboden.

Was war das für ein komischer Berg, auf den sie da geraten war, aber wie herrlich die frische Luft! Dieses warme, baumähnliche Wesen hatte sie hereingelegt. Es hatte ihr Milch zu trinken gegeben, aber sie in einer Höhle gefangen gehalten. Jetzt konnte sie weiter und weiter hinaufspringen und – oh. Sie war schon oben. Nein, Moment. Ein Hüpfer nach unten, ein Quergang und dann ein Zickzacksprung hinauf.

Jetzt war sie oben. Da unten im Tal war alles Futter, das eine Ziege brauchte. Morgen würde sie hinuntergehen und fressen. Heute Nacht würde sie hier oben schlafen, am höchsten Punkt, unter einer Felsnase zusammengerollt, die sie vor Gefahren von oben schützte.

Einigermaßen schützte. Ganz sicher war man nie.

Morgens stand sie wieder auf und blickte hinab ins prächtige Tal.

Aber Moment mal. Da, gleich hier auf dem breiten Vorsprung unter ihr, stand eine Baumgruppe. Davon würde sie zuerst fressen.

So ging es jeden Tag. Die Ziege wachte auf, reckte und streckte sich, tollte in Erinnerung an alte Zeiten ein wenig herum, stellte sich majestätisch an die Dachbrüstung und überschaute das Tal. Eine Woge der Melancholie überkam sie, weil es so nah war und doch so viele Gefahren lauerten, und dann wurde sie vom frischen Futter direkt vor ihr abgelenkt und angelockt. Sie sprang auf Joffs Terrasse und knabberte die Zedern ab, zumindest so viel sie erreichen konnte, zwinkerte dem freundlichen wölfischen Wesen zu, das hinter der Glasscheibe lebte, stieß mit dem Kopf gegen die Glastür (»Was war das, Michigan? Eine Fünf-Kilo-Taube? Verdammt noch eins!«) und drehte ihre Runden auf der Suche nach ein bisschen Futter. Irgendwann tauchte ein Eimer Heu auf dem Vorsprung vor der Höhle auf, aus der sie entkommen war.

Zuerst hielt sie sich davon fern, aber je hungriger sie wurde, desto mehr verschob sich ihr Maßstab für Gefahren. Sie konnte sich das Heu ja holen und vor jeder Gefahr davonspringen. Ganz bestimmt.

An manchen Tagen kam die Melancholie gleich morgens nach dem Aufwachen, und dann stand sie gar nicht erst auf. Warum auch?

Doch dann kam das Wolfswesen heraus und lud sie ein, herunterzukommen, und dann konnte sie nicht widerstehen. Sie hüpfte hinunter und tollte ein bisschen mit ihm herum. (»Michigan! Hör auf, Tauben zu jagen! Ich versuche zu schlafen!«)

Vielleicht würde sie heute versuchen zum Grün zu gelangen. Und sie würde den ganzen Tag darüber nachdenken, während sie auf den Vorsprüngen herumturnte und die paar Blätter abnagte, die sie finden konnte. Dann kam der Abend und sie machte sich leichtfüßig auf den Weg, die klappernde Klippe hinab, die sich nach innen krümmte.

Und dann hielt sie irgendetwas auf. Vielleicht die baumartigen Wesen, die an der Klippe standen und kleine Feuer an die Münder führten. Vielleicht der Gedanke daran, dass sie wieder hinaufkommen müsste, wenn sie es nach unten schaffte.

Dieser letzte Sprung war echt der Hammer.

5 Kenneth P. Gill hörte eine Oper und wischte seinen bereits blitzblanken Fußboden, als etwas Erschreckendes passierte.

Jemand klopfte an seine Tür.

Man war gekommen, um ihn zu holen.

Man hatte alles über seine Ziege herausgefunden.

Was sollte er jetzt tun? Aufmachen?

Nein. Er war nicht zu Hause. Nö. Keiner zu Hause. Läuft bloß ein bisschen Oper. Lalala.

O nein. Es lief ein bisschen Oper! Sie würden *merken*, dass er zu Hause war.

Aber wenn die Musik richtig laut war, konnte er das Klopfen gar nicht hören, oder? Er drehte die Lautstärke auf.

»Nessun dor-maaaaa«, sang er und sprang dann eine Oktave tiefer. »Nessun dorrrrmaaaa. Lalalalala lalala ...«

Noch ein leises, fernes Klopfen.

Er wartete ein paar Minuten, ging dann zur Tür und guckte durch den Spion.

Es war das Mädchen, das sich um Cat kümmerte, Cat selbst und noch ein Kind – ein dünner kleiner Junge mit großen Augen und schlaffen dunklen Haaren. Erinnerte ihn an ihn selbst als kleiner Junge. Und dann noch eine winzige ältere Frau.

Hm. Vielleicht wollten sie etwas verkaufen?

Na, Pech für sie. Er war zu sehr in seine Musik vertieft, um irgendwas zu hören. Er rannte von der Tür weg, damit seine Stimme nur aus der Ferne zu hören war. »Lalalala splenderà.«

Was wollten sie?

Seine Meerschweinchen! Vielleicht wollten sie Wallace und Pita sehen. Was war bloß mit Wallace und Pita passiert? Sie, ähm, hatten sich plötzlich mit einer Krankheit angesteckt und waren gestorben. Und ...

Schon wieder dieses Klopfen! Ach! Und ... und ihren Käfig hatte er gleich weggegeben. Weil es zu schmerzhaft gewesen war, ihn nach ihrem frühzeitigen Tod weiter zu sehen ...

Pock, pock!

Er kniff die Augen zu. *Bitte geht weg. Bitte geht weg.* Er machte ein Auge wieder auf.

Er sah durch den Spion. Ah. Seine Schultern sackten nach unten. Ein leerer Flur.

Kenneth lehnte sich mit dem Rücken an die Tür, presste die Hand an die Brust und fühlte, wie sein Herz sich allmählich beruhigte.

Um 06:47 Uhr am nächsten Morgen öffnete Jonathan das linke Auge. Das rechte folgte widerwillig. Er roch Kaffee.

Doris war schon auf. Sie würde bald reinkommen. Er schlug die Decke zurück und begann mit seinen Übungen. Er zog das linke Knie an die Brust. Er probierte das Gleiche mit dem rechten. Das wollte nicht gehorchen.

Er schloss die Augen und versuchte sich vorzustellen, wie das Bein sich bewegte, so wie es der Physiotherapeut vorgeschlagen hatte.

Er öffnete die Augen.

Ja! Es funktionierte. Das Knie bewegte sich.

Er hörte Doris seufzen. Wie sie leise knisternd die Zeitung zusammenfaltete. Wie sie aufstand. Hereinkam. Er beeilte sich, seine Beine wieder an ihren Platz zu bekommen, die Decke überzuwerfen und so zu tun, als würde er gerade aufwachen.

Ihr Seufzen machte ihn unerklärlich traurig.

»Guten Morgen«, sang sie wie üblich. Sie lächelte. Sie war aufgekratzt. Aber es war aufgesetzt. Sie spielte es nur. Hinter ihren Augen lag Traurigkeit. Sie piesackte ihn nicht *gerne*.

»Ut Or«, sagte er.

Ihre Augen wurden weicher und leuchteten auf. Er hatte ihr geantwortet! Anstatt nur zu grunzen, hatte er versucht einen Satz aus zwei Wörtern zu bilden!

»Na, dann wollen wir mal die Glieder in Bewegung bringen!«, sagte sie und riss ihm die Bettdecke weg.

Er täuschte den üblichen Widerwillen vor. Aber es fühlte sich gut an, wie sie sein Bein auf und ab bewegte, wie sie ihm den Fuß stützte, wenn er das Knie anwinkelte. Und es war so viel leichter, als es selbst zu tun. Natürlich würde er sie nicht glauben lassen, dass er weich geworden war. Aber er würde sie machen lassen. Was konnte es schon schaden?

Es wollte mit dem Ziegenkind reden. Nein, nicht mit der jungen Ziege – sondern mit dem Kind, das nach der Ziege gefragt hatte. Wohnung 1005.

Im Laufe einer Woche hatten Kid, Will und Cat – mit Dr. Lomp im Hintergrund – fünf von elf Stockwerken abgeklappert. Niemand hatte die Ziege gesehen.

Kid hatte an vierundfünfzig Türen geklopft. Dreiundzwanzig davon waren geöffnet worden. Ihr Blick war auf viele Schultern gerichtet gewesen – alte Schultern in Anzug-Sakkos mit Schuppenflocken darauf, runde Schultern in afrikanisch bedrucktem Stoff, auf denen Rastalocken ruhten, nackte Schultern in abgeschnittenen T-Shirts. Und dann auf viele Ohrläppchen – lang herabhängend, mit Diamanten gespickt, von goldenen Ringen durchbohrt.

Nach diesen fünf Stockwerken klopfte Kid kein bisschen lieber an fremde Türen als zuvor. Aber sie konnte besser sagen, was sie sagen wollte. Das Ganze wurde wirklich leichter. Sogar bei den Leuten, die supergenervt davon waren, dass sie an die Tür kommen mussten, und die Kid und Will für unausstehliche Gören hielten, die ihnen einen Streich spielten wollten. Wie wenn man Leute fragt, ob ihr Kühlschrank läuft, und ihnen dann sagt, sie sollten besser hinterherlaufen und ihn einfangen.

Zuerst waren ihr die Wangen heiß und die Kehle eng geworden, sobald ihnen jemand die Tür vor der Nase zuschlug. Jetzt drehte sie sich nur noch zu Will, zuckte die Achseln und ging zur nächsten Tür.

Es wäre schön gewesen, wenn sie schon das ganze Haus befragt hätten. Kids Begeisterung für das Projekt nahm allmählich ab, aber ohne einen möglichst vollständigen Datensatz wollte sie nicht aufgeben.

Heute waren sie im siebten Stock. Sie hatten an sieben Türen geklopft und von sieben freundlichen Menschen gesagt bekommen, sie hätten keine Ziege gesehen.

Kid klopfte an die achte Tür und sagte: »Hallo, wir führen eine Befragung im ganzen Haus durch, um herauszufinden, ob irgendjemand die Bergziege gesehen hat, die angeblich hier lebt.« Dann erst merkte sie, dass sie *einem Fremden in die Augen schaute*. Meeresgrüne Augen in einem braunen Gesicht. Warm und freundlich.

»Das ist ja hochinteressant«, sagte der Mann. »Und wie findig von euch, alle im Haus zu befragen. Hattet ihr schon Glück?«

»Noch nicht«, sagte Kid und versuchte, nicht allzu sehr darüber zu staunen, dass sie mit einem Wildfremden plauderte.

»Ich wünschte, ich hätte eine Ziege gesehen«, sagte er. »Aber ich fürchte, ich muss eurer großen Ausbeute an Neins ein weiteres hinzufügen.«

Er wünschte ihnen Glück und sie ließen es für den Tag gut sein.

Im Fahrstuhl bemerkte Kid einen Knopf mit einem P darauf, und nahm an, dass es für *Penthouse* stand.

*Vielleicht*, dachte Kid, *hat der Mensch im Penthouse die Ziege gesehen.*

Als sie wieder in der Wohnung waren, spielten Bobby und Dr. Lomp im Wohnzimmer Scrabble, während Will und Kid am Esszimmertisch Heidelbeerjoghurt aßen.

»Der Zyp im Tenthouse müsste die Piege doch gesehen haben, oder?«, sagte Kid zu Will. »Sie lebt ja schließlich auf dem Dach, oder nicht?«

»Und das Denthouse ist auf dem Pach«, sagte Will. »Also wenau gie zie Diege. Gehen wir.«

»Wir decken mal das Schach«, sagte Will zu den Erwachsenen.

Dr. Lomp ordnete ihre Buchstaben neu. »Nehmt Cat mit«, sagte sie.

Will und Kid tauschten einen Blick. Sie ließ sie allein gehen? »Okay«, sagte Will.

Als die Tür hinter ihnen zufiel und sie allein im Korridor waren, machte Will einen Luftsprung. Er hüpfte bis zum Fahrstuhl.

Nachdem sie eingestiegen waren, legte er die Hand auf die Brust und sagte: »Huh, ich fühle mich ein bisschen komisch.«

»Sollen wir umkehren?«

»Nein. Alles okay.« Er legte Cat die Hand auf den Kopf. Kid drückte auf den P-Knopf. Die Fahrstuhltür ging zu.

»Wow. Ich habe über so was gelesen«, sagte Will. »Ich

komme mir vor wie Huckleberry Finn. In Büchern haben die Kinder nie Erwachsene dabei.«

»Zu Hause machen Luna und Charlie und ich ständig Sachen allein.«

»Habt ihr ein Glück.«

»Ich frage mich, ob die Fahrstuhltür wohl direkt in seine Wohnung aufgeht.« Das hatte Kid mal in einem Film gesehen.

Ging sie aber nicht. Sondern in einen kleinen Flur. Direkt vor ihnen lag die Tür zur Penthouse-Wohnung. Links und rechts waren Ausgänge – Türen, die sich durch Druck auf eine Querstange öffnen ließen, so wie in einer Schule.

Sie klopften an die Penthouse-Tür.

Keine Reaktion. Sie klopften noch einmal.

»Er muss ausgegangen sein.«

»Lass uns auf dem Dach nachsehen«, sagte Kid.

»Nannichkicht.«

»Will, könntest du wenigstens *manchmal* normal reden, damit man dich versteht?«

»Kann ich nicht.« Will hatte die Augen zu.

»Ist doch gleich hier. Da ist die Tür. Wir sind in der Mitte des Gebäudes. Wir können nicht runterfallen, selbst wenn wir wollten. Außerdem ist ganz bestimmt so was wie ein Geländer oder eine Brüstung am Rand. Pass auf, ich werfe nur mal einen Blick nach draußen.«

Will hielt sich die Augen zu.

Kid öffnete die Tür. Sie und Cat traten hinaus. Wind wehte herein. Sie sah eine Art Außenkorridor, Kiesel auf Asphalt und einen Lüftungsschlitz. Der Korridor endete ein Stück weiter vorn an einem Quergang und geradeaus war eine etwa brusthohe Wand, die einen daran hinderte, vom Dach zu fallen.

Ihr Herz schlug heftig.

Sie musste die Tür irgendwie aufhalten.

»Will, kannst du –«

»Nein«, sagte er.

Sie zog einen Schuh aus und klemmte ihn zwischen Tür und Rahmen. Die Kieselsteine schmerzten unter der Fußsohle. Cat trottete vor ihr her und bog nach links um die Ecke. Cat würde doch wissen, wenn eine Ziege auf dem Dach war, oder?

O nein. Und wenn Cat jetzt auf dem Dach die Ziege jagte? Was würde dann passieren? Eine Ziege war überhaupt nicht wie eine Ratte. Aber es war nun mal so, dass Cat gern Tieren nachjagte.

Kid trabte ihr hinterher, hüpfte halb mit dem nackten Fuß in der Luft. Der Weg führte noch einmal um die Ecke und endete in einer Sackgasse. Wenn man über die Brüstung schaute, entdeckte man den kleinen Innenhof, wo der Müllcontainer stand. Cat hatte schon kehrtgemacht und ging Richtung Tür zurück. Sie trottete allerdings an dem Gang vorbei und lief zu der Seite des Gebäudes, die auf den Central Park hinausging.

Der Wind fuhr unter den Schirm von Kids Cap. Sie musste sie mit der Hand festhalten, damit sie nicht wegflog. Es kam ihr vor, als könnte der Wind sie direkt in den Himmel heben.

Angst durchströmte sie. Sie hatte ein schlechtes Gewissen,

weil sie sich über Will geärgert hatte. Doch sie ging weiter bis zur Brüstung und schaute auf den Central Park.

Er war riesig. Ihre Augen tränten vom Wind. Tauben kreisten am Himmel. Sie hielt Ausschau nach dem Falken, sah ihn aber nicht. Rechts verdeckten ein Zaun und ein paar kränklich wirkende Zedern die Sicht – wahrscheinlich auf die Penthouse-Terrasse.

Keine Ziege.

Kid ging denselben Weg wieder zurück.

Ihr Schuh war weg. Die Tür war zu. Was sollte das denn?

Sie klopfte, in der Hoffnung, dass Will sie nicht im Stich gelassen hatte.

Hatte er auch nicht. Will machte ihr mit geschlossenen Augen und verzerrtem Gesicht die Tür auf.

»Wieso hast du die Tür offen gelassen?«, fragte er. »Das war grauenhaft. Ich hätte mich beinahe übergeben. Ich musste sie zumachen.«

»Du hast sie zugemacht? Hör dir das an! Du hast sie zugemacht. Und dann hast du sie wieder aufgemacht! Das ist großartig.«

»Mach das nicht noch mal.« Nach einer Weile fragte er: »Hast du was entdeckt?«

»Nein.«

»Lass uns wieder runtergehen. Bitte.« Es schien, als würde Will die Luft anhalten. Kid drückte den Abwärts-Knopf neben der Fahrstuhltür. Als sie sicher in der Kabine waren, atmete er wieder aus.

Kid fragte sich, wieso Fahrstühle ihm nichts ausmachten. Wieso Fenster und Dächer, aber keine Fahrstühle?

Sie wollte nicht fragen, damit er dann nicht womöglich auch noch Angst vor Fahrstühlen bekam.

In der Wohnung wollten die Erwachsenen wissen, wie es gelaufen sei.

»Er war nicht da«, sagte Will ganz lässig, als wären sie bloß mal raufgegangen, hätten an die Tür geklopft und wären wieder heruntergekommen.

Kid wartete darauf, dass sie nachfragten, wieso es so lange gedauert habe. Es fragte aber keiner.

Nachdem er zwei Wochen lang täglich zum Washington Square gefahren war, ohne dass jemand Mara gesehen oder von ihr gehört hätte, kam Joff zu einem traurigen Schluss.

Mara war Touristin. Sie war nach New York gekommen, sie hatte New York wieder verlassen und würde niemals zurückkehren.

Er war ihr immerhin einmal begegnet, sagte er sich tapfer. Das war genug.

Vielleicht konnte er das irgendwie in seinem Roman aufgreifen. Eine Frau, die den Helden das ganze Buch hindurch inspiriert und der er am Ende begegnet.

Ja. Genau das würde er tun. Er würde in seiner Wohnung bleiben und schreiben. Er würde nicht mehr rausgehen.

Zwanzig Minuten verstrichen. Er schrieb nichts. Seine Beine zuckten. Er stand auf und lief eine Weile auf der Stelle.

Vielleicht sollte er sich ein Laufband besorgen. Er hatte von Schriftstellern gelesen, die beim Laufen auf dem Laufband schrieben.

Es fühlte sich stickig an im Zimmer. Er öffnete die gläserne Schiebetür und trat auf die Terrasse hinaus. Tauben flatterten. Sirenen heulten. Er hörte gelegentliche Rufe von der Straße unten. Jemand brüllte »Taxi!«. Jemand anderes rief etwas wegen irgendwelcher Lieferungen über die Straße.

»Meine Füße wollen skaten, Michigan«, sagte er. »Gehen wir. Aber nicht zum Washington Square. Heute nicht. Heute streunen wir einfach herum.«

Also streunte Joff aus der Eingangstür (»Danke, Julio!«) über die Straße und in den Park (»Mann, riecht die Natur gut!«), und dann streunte er die Fifth Avenue hinunter (»Aufgepasst, Cowboy!«).

Einfach nur herumstreunen, ohne bestimmtes Ziel, bis er …

Da war er wieder. Am Washington Square.

»Joffey ist wieder da! Yo, Joffey.«

»Hey, Chili, hast du –«

»Nee, heute haben wir sie auch nicht gesehen. Willst du spielen? Zwei Minuten. Heute schlage ich dich in zwei Minuten. Komm. Setz dich. Spielen wir.«

6 Mittwochs arbeitete Doris freiwillig bei einem Leselern-
programm für Erwachsene. Sie ließ Jonathan mit Suppe, einem
Glas Wasser und einem Glas Scotch zurück, außerdem mit dem
Telefon, in das ihre Nummer als Kurzwahl eingespeichert war,
und dem Kreuzworträtsel. Seine Gehhilfe stand immer in Griff-
weite. Daran hing eine Tasche, sodass er Sachen transportieren
konnte.

Jetzt legte er sein kleines Tablet hinein, falls er Schwierigkeiten mit Stift und Papier hatte, die wiederum in seiner Brust-
tasche steckten. Er drehte die Gehhilfe zu sich, stellte die Räder
fest und stand auf. Er hielt den linken Fuß hoch und machte die
Kreisübungen. Dann das Gleiche mit dem rechten. Er umfasste
die Gehhilfe, löste die Sperre und steuerte auf die Tür zu.

Puh. Gar nicht so leicht. Aber er tat es. Er bewegte sich. Aus
eigener Kraft. Mit beiden Beinen. Das lockere linke und das
bockige rechte. Seine Arme fühlten sich zittrig an.

Okay. Jetzt musste er um den idiotischen Elektroroller
herummanövrieren, den Doris ihm besorgt hatte. Er weigerte

sich, ihn zu benutzen und sich damit zu erniedrigen. Aus Trotz rammte er ihn noch einmal mit der Gehhilfe, während er daran vorbeiging.

Jetzt war er am Fahrstuhl.

Wie, er musste die Gehhilfe loslassen, um auf die Taste zu drücken? Natürlich. Wie dumm von ihm, dass er daran nicht gedacht hatte.

Okay, rechter Arm. *Du bist dran. Los! Heben, Finger ausstrecken, hin da. Du kannst das, du schaffst das. Noch ein bisschen höher. Da!*

Als die Tür mit einem *Ping!* aufging, wurde ihm klar, wie kurz die Zeitspanne war, in der man eine Fahrstuhlkabine betreten konnte. Man musste sich sofort in Bewegung setzen, wenn sie sich öffnete.

Er bekam nicht mal die Gehhilfe in die Tür, ehe sie wieder zuging.

Verdammt. Jetzt musste er noch mal auf den Knopf drücken. So.

Wieso ging die Tür nicht auf?

Der Fahrstuhl klapperte und schepperte.

Oh. Weil jemand anderes ihn in ein anderes Stockwerk gerufen hatte. Er musste warten. Und bereit sein.

Er sah zu, wie das Licht die Stockwerkzahlen über der Tür hinaufkletterte.

Sechs, sieben, acht, neun ... Los! Er stieß sich ab. Rechter Fuß. *Du bist dran. Komm schon. Du schaffst das.* Er stellte sich vor, ganz leicht und locker zu gehen.

*Ping!*

*Da ist die Tür. Jetzt ist der Moment. Los. Geh. Na los, Beine und Arme. Bewegt euch, bewegt euch –*

Verflucht!

Jonathan versuchte noch drei Mal, in den Fahrstuhl zu kommen. Jedes Mal ging die Tür vor ihm zu, ehe er die Gehhilfe vor die Gummilaschen klemmen konnte.

Beim vierten Mal fühlte er sich schon ein bisschen wackelig. Und dann öffnete sich die Tür und Mrs Grbzc stand vor ihm.

»Jonathan!«, sagte sie. »Wie wunderbar, Sie wieder auf den Beinen zu sehen! Warten Sie, ich halte Ihnen die Tür auf.«

Jonathan schüttelte den Kopf und wendete die Gehhilfe wieder Richtung Wohnung. Er deutete mit einer Geste an, dass er bloß zur Übung im Korridor auf und ab ging. Und dann ging er zur Übung im Korridor auf und ab.

Beim nächsten Mal würde er es in diesen Fahrstuhl schaffen.

Er brauchte vier Minuten, nur um seine Wohnungstür aufzubekommen, und noch mal vier, um an dem ... hmmmm ... Roller vorbeizukommen.

Die Tür flog auf. Lisa stand im Eingang.

»Aaaah! In drei Tagen fangen die Probeaufführungen an!«

»Awuuh«, sagte Cat, sprang vom Sofa und stellte sich schwanzwedelnd neben Lisas Knie.

»Wir sind so was von abgesoffen«, heulte Lisa. »Wir sind ein

Wrack. Wir liegen auf dem Meeresgrund. Taucher schwimmen durch uns hindurch und suchen nach Überbleibseln.«

Kid machte die Tür hinter Lisa zu. Bob legte Lisa die Hände auf die Schultern und führte sie ins Wohnzimmer. Er setzte sie aufs Sofa. Cat sprang darauf und legte ihr eine Pfote aufs Bein.

Lisa stützte den Kopf in die Hände.

»Die Hauptdarstellerin kann ihren Text nicht. Die Jongliernummer ist eine Katastrophe. Die Fußbälle fliegen in alle Richtungen. Sogar ins Publikum! Ist richtig gefährlich. Alles ist furchtbar.« Sie wimmerte leise.

Kid brachte ihr ein Mineralwasser mit Zitrone, ganz so, wie Lisa es mochte. Bobby rieb ihr den Rücken.

»Schh«, sagte Bobby. »Es kommt schon alles in Ordnung. Alles wird gut.«

»Wird es nicht, wird es nicht, wird es nicht«, sagte Lisa.

»Jetzt hör mal zu. Lisa. Du bist doch kein Kleinkind mehr. Du kriegst das hin.«

»Es war eine ganz schlechte Idee.«

Kid schaltete beruhigende, leise Klaviermusik ein.

»Mach das aus«, sagte Lisa. Kid schaltete sie wieder aus.

»*Soccer Mom.* Das ist nicht sexy. Und basiert nicht auf einem Film oder einer Fernsehserie.«

»Aber ihr habt einen Star.«

»Unser Star braucht eine automatische Stimmkorrektur und eine persönliche Souffleuse.«

»Sie ist trotzdem ein Star.«

»Aber kein junger Star mehr. Es ist ein Musical über Frauen um die vierzig! Wer hatte bloß diesen grauenhaften Einfall? Ach ja, ich.«

»Frauen um die vierzig kaufen für ihre Familien Theaterkarten«, sagte Bobby.

»Frauen um die vierzig kaufen ihren Familien Theaterkarten für Stücke, die auf Disneyfilmen basieren oder sich um Superhelden drehen.«

»Mädelsabend? Schon mal was davon gehört?«

»Schwule Männer werden das auf keinen Fall sehen wollen.«

»Aber es kommt doch ein schwuler Junge drin vor!«

»Dann werden die Konservativen es boykottieren!«

Immerhin schafften sie es, sie zum Laufen zu überreden, und zu einem Bad, als sie vom Joggen wieder nach Hause kam, und dann zu einer Partie Uno. Sie spielte gnadenlos und verlor trotzdem. Sie ließ den Kopf auf den Tisch sinken.

»Das ist ein Omen. Mein Leben ist zu Ende.«

»Mom«, sagte Kid. »Geh ins Bett.«

»Machst du Witze? Glaubst du, ich kriege ein Auge zu?«

Sie war immer noch auf und guckte eine alte Fernsehserie auf DVD, als Kid ins Bett ging.

Sie *musste* diese Ziege finden. Und zwar bald.

Diesmal nahm Jonathan den Elektroroller. Jedes Mal, wenn Doris in den letzten Wochen ausgegangen war, hatte er geübt. Zuerst musste er sich mit der Gehhilfe zum Roller bewegen. Dann musste er den Hintern auf den Sitz sinken lassen und die Füße auf das Trittbrett heben.

Das Anlassen war ganz leicht. Aber der Gashebel! Pfüüh! Der war ganz schön sensibel.

Beim ersten Mal war er gegen die Tür geknallt. Jetzt drehte er den Griff – ganz, ganz vorsichtig – und steuerte in Richtung Tür. Drehte den Türknauf. Setzte ganz, ganz vorsichtig zurück. Ganz, ganz vorsichtig – ah, oh – bamm! Verdammt. Wieder zurücksetzen, die Tür etwas weiter aufmachen. Ganz, ganz vorsichtig durch die Tür, hinter sich zuziehen. Ah.

Jetzt den Korridor entlang zum Fahrstuhl. Taste drücken. Warten. Zahlen im Auge behalten. Fertig. *Ping!* Gas geben. Oh, wow! Zu viel. Ups. Wumms.

Aber er war drin! Im Fahrstuhl! Jawohl, meine Damen und Herren! Jonathan Fenniford war im Fahrstuhl. Jetzt musste er sich nur noch umdrehen – rumms –, zurücksetzen, einschlagen, vorwärts – baff – und die Taste für den zehnten Stock drücken.

Geschafft! Der Fahrstuhl stieg nach oben.

Die Tür glitt auf. Er sauste nach draußen. Er klopfte an die Tür von Apartment 1005.

*Ich sitze auf einem Roller!*, dachte er plötzlich, als die Tür aufging. *Oje, wohin hat das Leben mich gebracht.*

Da stand ein Mann. Mit einem Hund, an den Jonathan sich vage zu erinnern glaubte. Aber ein anderer Mann als üblich.

»Hi«, sagte der Mann.

»O«, sagte Jonathan. Verdammt. Er war nicht vorbereitet. Weder auf die Schwierigkeiten, hier herauf zu kommen, noch auf die Verständigungsprobleme.

Moment. War er doch. Er hatte sein kleines Tablet dabei. Aber wie sollte er es herausbekommen?

»Alles in Ordnung?«, fragte der Mann. »Brauchen Sie Hilfe?«

Jonathan beantwortete die erste Frage mit einem Nicken und merkte dann, dass man es auch als Antwort auf die zweite verstehen konnte. Er grummelte und griff nach dem Tablet in der Rollertasche.

Er kam nicht dran. Doch, Moment, er hatte es. Aber er konnte es nicht greifen. Seine Hand wollte ihm nicht gehorchen.

»Das hier? Suchen Sie das hier?«, sagte der Mann und reichte ihm das Tablet. Jonathan nickte.

Jetzt kam das Kind an die Tür.

»Wer ist das, Bobby?«

»O«, sagte Jonathan. Er schaltete den kleinen Computer an und tippte eine Botschaft.

*Sucht ihr eine Ziege?*, tippte er und zeigte es dem Mädchen.

»Ja. Ich suche eine Ziege«, antwortete sie verblüfft.

Jetzt drängten sich noch ein Junge und eine winzige Frau in den Türrahmen.

*Ich habe sie gesehen*, tippte Jonathan. *Ich sehe sie oft. Sie frisst das Weizengras meiner Frau.*

»Dann werden Sie glieben Sahre Jück haben«, sagte der Junge. »Ich meine, sieben Jahre Glück.«

Jonathan tippte eine Botschaft für den Jungen: *Sehe ich aus, als hätte ich das Glück auf meiner Seite?*

Der Junge zuckte die Achseln. »Sie leben noch«, sagte er.

»Sie haben die Ziege gesehen?«, fragte der Mann. »Die Ziege, nach der die Kinder suchen? Ich dachte, das wäre so eine Großstadtlegende.«

*Keine Legende*, tippte Jonathan. *Es gibt eine Ziege. Ich glaube, sie lebt auf dem Dach.*

»Hahaha!« Der Junge tanzte und schwang die Füße.

»Juhu!«, rief das Mädchen. »Gehen wir.« Sie rannte zum Fahrstuhl. Der tanzende Junge folgte ihr und hüpfte dabei vor Aufregung. Der Hund tappte neben ihnen her.

»Wartet mal«, rief der Vater. »Wartet auf uns.« Dann sah er Jonathan an.

Jonathan winkte sie weg. *Na los, geht.* Aber sie zögerten immer noch.

*Lauft*, bedeutete er ihnen wieder.

»Ich bleibe hier bei dem Herrn«, sagte die winzige Frau. »Ihr könnt gehen.«

Sie zögerten immer noch, als könnten sie das nicht ganz glauben.

*Los, lauft*, winkte er.

»Ja, lauft«, wiederholte sie.

»Kommt!« Sie waren glücklich. Aus dem Häuschen.

»Es gibt also tatsächlich eine Ziege. Ich war mir nicht

sicher«, sagte die kleine Frau zu Jonathan. »Ich heiße Zinta Lomp.« Sie machte eine einladende Geste. »Kommen Sie doch herein.«

Er fuhr mit dem Roller in den Flur und bog sehr elegant – auch wenn er sich damit selbst lobte – um die Ecke ins Wohnzimmer.

*Jonathan Fenniford*, tippte Jonathan.

»Sie hatten einen Schlaganfall.«

»Jo«, sagte Jonathan. »Prechen is schwer.«

»Kaffee?«, fragte sie.

Die Ziege hatte sich in der Ecke von Joffs Terrasse zwischen zwei Zedern eingerollt. Ihr tat der Magen weh. Ihr tat der Kopf weh. Ihr taten die Gelenke weh. Sie konnte nicht schlafen und nicht wach werden. Sie konnte sich nicht mehr ans Herumtollen erinnern. Sie träumte eine Art Zeitlupentraum.

Das Wedeltier kam und stupste sie an.

Da war noch etwas anderes, ein ungewohntes Geräusch. Sie sollte wirklich, sie müsste wirklich ...

Nein. Egal. Ihre Lider waren schwer. Ihr Kopf war schwer. Wie hatte sie ihn jemals heben können? Er war schwer wie ein Stein.

Will hüpfte auf und ab. Kid drückte fest auf den Fahrstuhlknopf. Das Licht über der Tür verriet ihnen, dass er im Foyer war.

»Sollen wir die Treppe nehmen?«, fragte Bobby.

Sie liefen zur Treppe. Cat klackerte vor ihnen her. Will und Kid nahmen immer zwei Stufen auf einmal. Bobby joggte ihnen nach.

»Warum habt ihr es so eilig?«, fragte er. »Sie läuft doch nicht weg.«

Aber da oben war eine Ziege. Eine Ziege! Auf ihrem Haus.

Wenn es die Ziege gab, dann brachte sie auch Glück.

Es waren nur drei Etagen, also sechs Treppenabschnitte. Cat wartete oben an einer Tür. Führte die auf das offene Dach oder in den Flur vor dem Fahrstuhl? Will sagte nichts, ließ Kid aber vorgehen. Sie warf ihm einen raschen Blick zu, ehe sie die Tür aufmachte.

Sie atmeten beide hörbar aus. Nur der Flur. Und da: die Tür nach draußen, durch die Kid schon einmal gegangen war.

Würde Will ebenfalls hindurchgehen? Jawohl. Er blieb neben ihr. Beide drückten sie auf die Querstange. Sie machten die Tür auf.

»Wehen gir«, sagte er.

Sie traten ins Licht des Spätnachmittags hinaus und auf die Kiesel. Cat senkte die Nase und wandte sich nach links, zur Hinterseite des Gebäudes, dem Teil, der auf die Straße hinausging. Mit der Mauer ringsum fühlte sich das Dach vollkommen sicher an, aber es war immer noch ein Dach.

»Such dir was, um die Tür aufzuhalten, Dad«, rief Kid.

Ein riesiger Stromkasten, außerdem ein paar Lüftungsrohre, etwas großes Zylinderförmiges und einige weitere Rohre, die nach oben ragten. Cat schnüffelte hin und her, her und hin. Sie schien Witterung aufzunehmen und folgte ihr bis zu der eisernen Leiter, die an der Begrenzungsmauer hinauf- und darüber hinweg zur Feuerleiter auf der Straßenseite führte.

Sie blieb stehen, reckte die Schnauze in die Luft und schnüffelte weiter. Dann legte sie den Kopf schräg und sah verwirrt aus. Sie drehte sich um und ging den Weg zurück, den sie gekommen waren.

»Sie ist ein Bullterrier, kein Bluthund«, sagte Bobby, drehte sich um und folgte ihr. An einem Fuß trug er nur noch eine Socke. Wie Kid hatte auch er die Tür mit dem Schuh offen gehalten.

Kid und Will liefen an ihm vorbei. Kid wollte Will fragen, wie es ihm ging, aber sie wollte ihn auch nicht unbedingt darauf aufmerksam machen, dass er auf einem Dach herumrannte.

Es war kein sonderlich hohes Gebäude. Für Manhattan war es sogar niedrig. Aber zwölf Stockwerke reichten aus, um schon ziemlich weit oben zu sein. Der Wind hier pfiff stärker als unten. Die flatternden Tauben waren näher. Es roch nach heißem Asphalt und Staub und warmen Backsteinen. Sie kamen an einen Zaun mit Zedern dahinter – die Penthouse-Terrasse.

»Hier ist sie nicht«, sagte Will. Seine Augen veränderten

sich. Er sah aus, als würde er gleich das Bewusstsein verlieren. Und dann verlor er es. Er fiel direkt vor Kids Füßen auf den Kies.

»Awuuuh«, sagte Cat. »Awuuuh.«

Kid und Bobby knieten neben Will und hielten ihn an den Händen. Er öffnete wieder die Augen. Blinzelte. Sah gar nicht so schlimm aus, unter den gegebenen Umständen. Sah aus, als würde es ihm bald wieder gut gehen.

Cat leckte ihm das Gesicht.

»Es geht kein bisschen voran«, sagte Joff zu seiner Schwester Laura in Ann Arbor über Skype. Sie hatte ihn gefragt, wie es mit dem Roman lief. »Ich drehe total durch, weil ich die ganze Zeit an diese Frau denke, die ich beim Schachspielen kennengelernt habe. Ich habe sie nur ein Mal getroffen und ich glaube, ich bin verliebt. Ist das möglich? Außerdem höre ich ständig so ein Geräusch. Das stört und lenkt mich ab. Ich habe schon die Hausverwaltung angerufen, um zu erfahren, ob auf dem Dach irgendwelche Arbeiten durchgeführt werden. Anscheinend nicht. Ich habe keinen Schimmer, was es ist.«

»Moment mal, Joff, ganz langsam. Du hast beim Schachspielen eine Frau kennengelernt?«

»Unten am Washington Square. Mara. Sie hatte so eine wunderschöne runde Stimme und sie war witzig und sie hat ›Cowboy‹ gesagt und ich muss immerzu an sie denken. Seit ich sie getroffen habe, war ich jeden Tag dort, um rauszufinden, ob sie da ist, aber sie ist nie da, also war sie wahrscheinlich nur eine Touristin und ich werde sie wahrscheinlich nie wiedersehen, und das bricht mir irgendwie das Herz.«

Hinter Joffs Worten war ein leises *Awuuuh* zu hören.

»Was ist das?«, fragte Laura.

»Was? Das Herz brechen?«

»Nein, nicht das −«

Wieder machte es *Awuuuh.*

»Das. Ist das Michigan?«

»Nein, Michigan ist hier bei mir.« Joff lauschte. Da jaulte ganz sicher ein Hund in der Nähe, eine Art Trauerheulen.

»Stell mal auf Videochat«, sagte Joffs Schwester.

»Wieso bin ich darauf nicht selbst gekommen?«

»Weil du blind bist.«

Schwestern. »Vielen Dank auch. Okay. Los gehts.« Joff schaltete die Kamera ein.

»Hi, Michigan«, sagte seine Schwester.

Michigan wedelte mit dem Schwanz.

Joff nahm den Laptop, drehte ihn von sich weg und trat hinaus auf die Terrasse. Das Jaulen ging mit Unterbrechungen weiter, und jetzt hörten sie auch Stimmen.

»Ich höre Leute, aber ich kann sie nicht sehen«, sagte seine Schwester.

»Ach was«, sagte Joff. »Wie eigenartig. Erzähl mal, wie sich das anfühlt.«

»Halt den Mund. Moment mal, was ist das für ein weißes Knäuel unter dem Baum da?«

»Hallo?«, sagte Joff zu den Stimmen. »Ist irgendwas nicht in Ordnung?«

»Ach, äh, hi«, sagte eine Männerstimme von jenseits des Zauns. »Wir haben bloß –«

»Sieht aus wie ein Hundekorb«, sagte Joffs Schwester. »Der gerade den Kopf hebt.«

»Was?«

»Es steht auf. Es ist kein Hundekorb. Es ist eine –«

»Ziege!«, sagte eine Stimme von der anderen Zaunseite. »Es ist die Ziege. Will! Wir haben die Ziege gefunden!«

»Sie haben recht. Es ist eine Ziege. Eine Bergziege.«

Joff hörte das *Kloff-kloff-kloff-kloff* der Ziegenhufe auf den Terrassenbohlen.

»Das ist es! Das ist das Geräusch!«

»Wow. Guck dir das an. Wie die abgeht! Hast du das gesehen?«

»Das habe ich selbstverständlich nicht, Laura.«

»Sie ist einfach so *bap, bap, bap, bap* losgesprungen, von der Terrasse auf den Tisch auf den Zaun auf das Dach. Unglaublich!«

»Da läuft sie!« Joff hörte die Stimmen von der anderen Zaunseite.

Und dann ihre Schritte, wie sie hinterherrannten.

Die Ziege war zwar schwach, doch ihr Körper reagierte augenblicklich.

Sie spürte Gefahr.

Sie sprang.

Hoch.

Drüber.

Vorwärts.

Hoch.

Drüber.

Runter.

Die klappernde Klippe runter.

Runter, am Vorsprung mit dem Eimer vorbei.

Die klappernde Klippe runter! Unglaublich! Runter.

Der letzte Sprung. An die Klippenwand, die Hufe dran, runter auf den nutzlosen Vorsprung.

Unten! Sie war unten! Ganz unten! Sie war dem herrlichen Duft ganz nah.

Ziemlich nah.

Da war sie! Sie trabte auf der Mauer entlang wie ein zerzauster Wischmopp auf vier Beinen.

»Da läuft sie«, sagte Will.

Sie rannten ihr nach. Meine Güte, war die schnell. Und wie leicht das bei ihr aussah, zwölf Etagen über dem Boden zu laufen, mit nur fünf Zentimetern Platz an beiden Seiten.

»Au« (knirsch), »au« (knirsch), so klang es jedes Mal, wenn Bobbys Sockenfuß auf dem Kies landete. Sein Schuh klemmte immer noch in der Tür, an der sie vorbeirannten.

»Hallo?« Joff steckte den Kopf aus der Tür. Auch Michigan steckte den Kopf hinaus.

»Sie will zur Feuertreppe«, rief Bobby.

Genauso war es. Sie war noch drei Meter von der eisernen Leiter entfernt, die über die Begrenzungsmauer führte.

Und dann war die Ziege in der Luft. Und dann war sie weg.

Kids Herz tat es ihr nach, eine Millisekunde später. Es hüpfte, hing in der Luft ...

Fffit-fffit, fffit-fffit. Sie war gelandet. Puh.

»Sie ist die Feuertreppe runter«, sagte Will. »Los, ihr nach.«

Kid konnte es nicht fassen. Will kletterte schon die Leiter hinauf, die über die Mauer und auf die Feuertreppe führte. Zum zweiten Mal innerhalb nicht mal einer Minute hatte sie das Gefühl, eine Zeichentrickfigur zu sehen, die über einen Klippenrand gerannt ist, das aber noch nicht gemerkt hat.

Sie holte tief Luft und folgte ihm. Bobby nahm Cat auf den Arm und kam als Nächster.

»Ich werde mal nachsehen, was da abgeht«, sagte Joff.

»Nimm mich mit«, sagte Laura.

Joff und Michigan (und Laura) liefen in den Flur. Die Tür

zum Dach war mit einem Schuh aufgehalten worden. Joff hörte, wie jemand »Au, au, au« rief, außerdem Laufschritte.

»Hallo?«, rief er.

»Sie will zur Feuertreppe«, rief eine Stimme.

»Ich kann nichts sehen«, sagte Laura. »Dreh mich um.«

Joff drehte den Computer herum und folgte dem Klang der Schritte. Jetzt hörte er noch etwas Leiseres. Die Ziege landete auf der Feuertreppe. Aus einer Wohnung weiter unten drangen die Klänge einer Oper.

»Ich sehe die Ziege nicht mehr«, sagte Laura. »Die Kinder folgen ihr. Ein Typ hebt einen weißen Hund hoch und trägt ihn die Feuertreppe runter.«

Was für ein verrücktes Treiben auf seinem Dach!

»Halt mich hoch!«, sagte Laura. Sie standen an der Mauer über der Feuertreppe. Die Oper war nun lauter zu hören und wurde dramatischer.

»Ich will dich nicht fallen lassen«, sagte Joff.

»Komm«, sagte Laura. »Gehen wir hinterher.«

»Was?«

»Na komm, rauf und rüber und runter, sie sind gleich weg.«

Die Musik erreichte einen unglaublichen Höhepunkt, einen himmelhohen Augenblick, einen lang gehaltenen Ton. Er brachte eine Saite in ihm zum Klingen.

»Joff!«, rief seine Schwester.

Richtig. Sie verfolgten eine Ziege. Und zwei Kinder und einen Mann und einen Hund namens Cat.

»Laura, denk doch mal kurz nach. Ich kann nicht über die Mauer klettern und dich dabei tragen. Und was ist mit Michigan?«

»Aber Joff –«

»Schau nach unten, Laura. Kannst du sie sehen?« Joff bemerkte am Rande, dass die Musik zu Ende war und stattdessen nun Stimmen sprachen.

»Ich sehe nur eine Backsteinmauer.«

Joff drehte den Laptop ein wenig. »Und jetzt?«

»Die Gasse.«

»Und jetzt?«

»Ich kann nichts sehen, die Leute sind im – ah, Moment. Die Ziege ist unten! Sie ist in der Gasse, sie ...«

Aber Joff hörte seiner Schwester nicht mehr zu. Er lauschte dem Radio. Dem Interview. Der Stimme. Rund. Tief wie ein Brunnen oder ein Steinbruch.

Mara war keine Touristin. Sie war Opernsängerin. In der Metropolitan Opera. Die ganze Woche lang.

Ohne nachzudenken, klappte er den Laptop zu. Die Stimme seiner Schwester verschwand. Er lehnte sich an die Wand und lauschte Mara.

Mara, Mara, Mara.

Himmel, war die Ziege schnell. In einem Sprung überwand sie eine ganze Etage auf der Feuertreppe.

Will war jetzt nur noch ganz knapp vor Kid. Cat lief zwischen ihnen. Bobby fiel etwas zurück.

Als sie an der zweiten Etage von oben vorbeikamen, steckte ein Mann den Kopf aus dem Fenster.

»Dad?«, rief er, den Blick auf die Ziege gerichtet. Er kletterte aus dem Fenster auf die Feuertreppe und schloss sich der Jagd an.

Die Ziege war jetzt auf der untersten Plattform der Feuertreppe, die fast noch ein ganzes Stockwerk über dem Boden lag. An der Wand war eine Klappleiter befestigt, die nach unten gleiten würde, wenn man sie belastete, aber das wusste die Ziege nicht.

Sie zögerte, aber nicht lange. Sie versuchte durch die Öffnung in der Plattform zu krabbeln, aber die war zu eng. Also sprang sie hoch, sodass sie eine Sekunde lang mit allen vier Hufen auf dem Geländer balancierte. Dann sprang sie wieder hinunter, abwärts und mit den Füßen voraus gegen die Hausmauer, prallte dagegen und stieß sich ab, immer weiter abwärts auf den Bürgersteig, dann die Gasse entlang zur Straße.

Sie waren nun auf dem untersten Absatz und lösten die Halterung der Leiter. Will lag immer noch vorn, als müsste er die Wilde Jagd anführen, elf Stockwerke eine Feuertreppe hinunter. Er hüpfte auf die Leiter, sank mit ihr nach unten und stellte die Füße wirklich so auf die Sprossen, als wäre er ein Feuerwehrmann.

»Bin direkt hinter dir, Will!«, rief Kid.

Die Ziege verschwand um die Ecke. Kid blieb nicht stehen,

um nachzusehen, wie Bobby und Cat und der andere Mann es nach unten schafften, doch als sie von der Gasse auf die Straße einbog, waren sie bereits dicht hinter ihr.

Die winzige Frau holte plötzlich tief und zitternd Luft und sprang auf.

»Es tut mir leid. Ich habe mich geirrt. Ich muss los.«

Jonathan sah sie fragend an. Sie rannte an ihm vorbei und rief über die Schulter: »Mein Enkel! Seine Eltern sind in den Türmen ums Leben gekommen, er kann nicht aus Fenstern schauen, er hat Höhenangst. Und jetzt geht er aufs Dach! Ich hätte ihn niemals aus den Augen lassen sollen.«

Zipp. Zipp. Zipp. Eine geniale Rollerwende. Jonathan war inzwischen Experte, er hatte einen richtigen Lauf. Er holte Dr. Lomp ein, die immer wieder auf den Fahrstuhlknopf drückte.

»Ach, darauf kann ich nicht warten. Ich nehme die Treppe«, sagte Dr. Lomp.

Aber in diesem Augenblick ging die Tür des Fahrstuhls auf. Sie stiegen ein. Dr. Lomp drückte genauso unablässig auf den P-Knopf wie vorher auf die Ruftaste. Piks. Piks. Piks. Piks. Die Tür ging zu. Der Fahrstuhl fuhr aufwärts. *Ping!* Die Tür ging auf.

Der Blinde stand da, das Geschirr seines Blindenführhundes in einer Hand, einen Laptop in der anderen und ein riesig breites Grinsen im Gesicht. Dr. Lomp rannte in ihn hinein.

»Verzeihung.« Sie trat nach rechts. Er auch. »Ich will nur –«
Sie trat nach links. Er auch.

»Sind Sie auch hinter der Ziege her?«, fragte er.

»Die Kinder, die Kinder. Wo sind die Kinder?«, fragte
Dr. Lomp. »Gehen Sie mir aus dem Weg.«

»Die sind –«

Aber sie wartete gar nicht auf seine Antwort. Dr. Lomp
rannte aus dem Fahrstuhl und durch die offene Tür aufs Dach.

»– auf der Feuertreppe«, beendete der Blinde seinen Satz.

Jonathan sah ihm an, dass er sich jetzt allein wähnte. Er
wollte etwas sagen, um den Mann auf sich aufmerksam zu
machen.

»O«, sagte er.

»Huch!«, sagte der Blinde und zuckte zusammen.

»Ung«, sagte Jonathan. Er wollte »Entschuldigung« sagen,
aber es kam nur die letzte Silbe heraus.

»Uff«, sagte der Blinde. »Tut mir leid. Sie haben mich bloß
überrascht. Ich wusste nicht, dass da noch jemand ist.«

Inzwischen war Dr. Lomp wieder zurück. »Die sind die
Feuertreppe runter. Ich fasse es nicht. Das hätte ich nie für
möglich gehalten. Kommen Sie. Wir müssen sie einholen.«

Die Fahrstuhltür schloss sich wieder. Der Blinde streckte die
Hand aus, um sie anzuhalten. Dr. Lomp dankte ihm. Jonathan
fuhr ein Stück zurück, um Platz zu machen. Dr. Lomp und der
Mann und sein Hund stiegen in den Fahrstuhl. Dr. Lomp pikste
unablässig auf den Knopf *F* wie *Foyer*.

Jetzt wirkte der Blinde verwirrt. Jonathan versuchte ihm

durch Gesten klarzumachen, dass er nicht sprechen konnte, aber der Blinde konnte ihn natürlich nicht sehen.

»Ich ... 'ann nich 'prechen«, sagte Jonathan.

»Wie bitte?«

Jonathan versuchte Dr. Lomp dazu zu bringen, seine Lage zu erklären, aber die war zu sehr auf den Fahrstuhl konzentriert.

»Ich. Kann. Nicht. Ssssprechen.«

Der Blinde legte den Kopf schräg. »Aber ich glaube, das haben Sie gerade«, sagte er.

»Ha«, sagte Jonathan. Dann hatten sie beide ein riesig breites Grinsen im Gesicht.

Sie waren schon fast im Foyer. Der Fahrstuhl machte *Ping*. Die Tür ging auf. Dr. Lomp rannte hinaus, der Blinde folgte. Jonathan kam als Letzter. Julio rannte zur Eingangstür, um sie ihnen aufzuhalten. Draußen raste die Ziege von links nach rechts vorbei.

»Was zum –«, sagte Julio.

Dr. Lomp lief nach draußen. Der Blinde ebenfalls. Auch er wandte sich nach rechts, rannte ein paar Schritte und tat dann etwas sehr Seltsames.

Er ließ seinen Laptop halb zu Boden fallen, halb warf er ihn auf den Bürgersteig und dann sprang er darauf. Seine Füße erwischten die Kante des Geräts, er rutschte aus und landete auf seinem Hinterteil.

Die Ziegenjäger waren schon fast bei ihm, als er stürzte, sodass sie alle über ihn stolperten und auf ihn purzelten – die beiden Kinder, der Mann aus der Wohnung, der nur einen Schuh trug, und der dünne, gut gekleidete Mann, der immer von seinen Hamstern erzählte.

Dr. Lomp war inzwischen umgekehrt und rannte in die andere Richtung, dann rief sie »Will!« und fiel ebenfalls auf den Blinden.

Nur die beiden Hunde kamen unbeschadet davon, denn sie tänzelten den Weg entlang, während die Menschen sich aufeinandertürmten.

Etwas weiter auf dem Bürgersteig stand eine dünne, schlaksige, etwas schlaff wirkende Frau und starrte mit offenem Mund.

»Will«, rief Dr. Lomp.

»Es geht mir gut, Babtscha«, sagte der Junge. »Ich habs geschafft. Ich bin die Feuertreppe runtergeklettert. Es geht mir gut.«

»Mom«, rief das andere Kind.

»Kid?«, sagte die schlaffe Frau.

Julio ließ die Tür vor Jonathans Roller zufallen und ging nach draußen, um den anderen nach ihrer Kollision aufzuhelfen, zuallererst Dr. Lomp.

»Yo, Joff«, sagte Julio. »Hast du gedacht, das wär dein Skateboard? Mann, wo hast du denn deinen Kopf?«

»In den Wolken, Julio«, sagte der Blinde. »Mein Kopf ist in den Wolken.«

»Siehst du, Julio? Es gibt eine Ziege.«

»Die Ziege!«, sagte das andere Kind. »Sie entkommt.«

Sie alle drehten sich um. Autos hupten. Der Verkehr kam ruckartig zum Stehen, als die Autofahrer begriffen oder auch nicht begriffen, was los war. Die Ziege wartete nicht darauf, dass sie anhielten. Sie sprang auf sie hinauf und hinüber, von einem zum nächsten zum anderen. Auf eine Motorhaube, von der Motorhaube aufs Dach, und dann mit einem sauberen Riesensatz auf die Autos, die in die andere Richtung fuhren.

Es war so ziemlich die beste Zirkusnummer, die man jemals zu sehen bekommen konnte. Zwischen den Autos schien die Ziege die Hufe extra noch ein bisschen höher in die Luft zu werfen.

Und dann war sie auf der anderen Seite.

Inzwischen waren alle wieder auf den Beinen und rannten und Jonathan fuhr hinter ihnen her.

Die Ziege hatte die Straße bei Rot überquert. Jetzt war die Fußgängerampel grün und die kleine Gruppe eilte über die Straße. Doch mit dem Roller konnten sie nicht Schritt halten. Jonathan drehte den Gashebel voll durch. Der kleine Elektromotor summte in immer höheren Tönen. Er überholte sie. Die Ziege war schon weit über den Rasen in die Richtung gesprungen, wo der Wald anfing.

Irgendjemand musste an ihr dranbleiben. Und dieser Jemand war Jonathan.

Aber da stand ihm jemand im Weg, stand still wie eine Statue und ließ die Arme herunterhängen, so wie es total verdutzte Menschen tun.

Doris. Er raste auf sie zu und hielt vor ihr an. Niemals hätte er ihr erklären können, was gerade passierte, aber er grinste so breit, wie er nur konnte. Er legte den Kopf schräg. *Spring auf.* Er machte ihr auf dem Trittbrett Platz. Doris sprang auf.

»Auf geht's, Jonathan!«, rief sie fröhlich. »Gib Gummi!«

Die anderen hatten Jonathan eingeholt.

Aber die Ziege ließ sie alle hinter sich. Sie steuerte aufs Unterholz zu.

Aber nein. Moment.

Sie wurde langsamer. Sie senkte den Kopf.

Sie fraß. Sie rupfte Gras aus, warf den Kopf nach hinten, kaute hektisch, rupfte noch mehr Gras aus.

Der alte Mann auf dem Roller versuchte ihr über die Wiese zu folgen. Die Ziege scheute und rannte weg, aber nicht allzu weit.

»Wartet«, rief Kid und hielt die Hände hoch, um die anderen aufzuhalten.

»Sie hat Angst«, sagte Will.

Alle blieben stehen. Die ganze Gruppe. Der alte Mann, seine Frau, Will, Dr. Lomp, Kid, Lisa, Bobby, Cat, Joff, Michigan, der Mann mit den Hamstern.

»Muss sie gar nicht«, sagte Kid. »Hat sie aber.«

»Sie ist noch jung«, sagte Dr. Lomp erstaunt.

»Bloß ein Zicklein.« Bobby grinste kurz. »So wie du, Kid.«

»Und was machen wir jetzt?«, fragte Lisa.

»Wir lassen sie fressen«, sagte Kid.

Sie blieben schweigend stehen und sahen der Ziege beim Fressen zu.

Jonathan tippte Doris an. Er holte das Tablet heraus und schrieb: *Die hat die ganze Zeit dein Weizengras gefressen.*

Doris umarmte ihn bloß und küsste ihn ins Gesicht. »Ach, Jonathan. Du bist wieder da. Gott sei Dank.«

»Ich bin auf einem Dach herumgelaufen«, sagte Will. »Ich bin über eine Dachkante geklettert. Ich bin eine Feuertreppe runtergerannt.«

»Du bist frei, Will«, sagte Dr. Lomp. »Ich bin stolz auf dich. Tu das nie wieder.«

»Aber Babtscha –«

»Nein, das habe ich nicht ernst gemeint. Mach das immer und immer wieder. Leb dein eigenes Leben. Deine Eltern sind nicht mehr da, wir vermissen sie, sie sind einen schrecklichen Tod gestorben, aber du wirst nicht so sterben. Und zwischen jetzt und dann wirst du leben. Dein eigenes Leben. Mit meiner ganzen Liebe.« Und dann umarmte sie ihn ganz fest.

Eine kleine Menge versammelte sich. Mrs Grbcz war auch dabei.

»Wie sieht sie aus?«, fragte Joff.

Wie sah die Ziege aus? Jung. Mager. Zerzaust. Ihr Fell war schmuddelig und fiel büschelweise aus.

Aber trotzdem. Sie sah aus wie ein wildes Tier. Nur ein oder zwei Straßen weiter, immer noch im selben Park, konnte man im Central Park Zoo eine andere Bergziege sehen.

In mancherlei Hinsicht war es kaum etwas anderes, diese hier zu sehen.

In mancherlei Hinsicht war es etwas komplett anderes.

Hier gab es kein Gehege. Es stand nichts zwischen ihnen und ihr mit ihren jungen, frischen Hörnern, ihrer Wachsamkeit, ihrer unglaublichen Behändigkeit.

»Ich werde den Zoo anrufen«, sagte der dünne Mann schließlich. Er nahm sein Handy heraus, suchte die Nummer und rief an. Als er erklärt hatte, wo sie waren und dass er tatsächlich behaupten wollte, eine Ziege habe auf ihrem Apartmenthaus gelebt und fresse jetzt Gras im Central Park, hörte Kid den Menschen am anderen Ende der Leitung sagen: »Wie soll denn eine Bergziege auf Ihr Dach gelangt sein?«

Der Mann seufzte. »Das ist eine lange Geschichte.« Er legte auf. »Ich habe in Wirklichkeit gar keine Hamster, ich meine, Meerschweinchen«, sagte er zu den anderen. »Wissen Sie, mein Vater fuhr gern Kajak und wanderte mit dem Rucksack durch die Berge. Ich war lieber in der Stadt.« Er erzählte ihnen eine lange und wunderschöne Geschichte, die damit endete, wie die Ziege – oder sein Vater, er konnte es nicht mit Sicherheit sagen – aus dem Fenster sprang.

Langes Schweigen folgte.

Michigan streunte auf die Ziege zu. Er hob an einem Busch sein Bein. Die Ziege fraß weiter. Michigan kam näher, schnüffelte am Hinterteil der Ziege, als wäre sie ein Hund. Trottete ein Stück weg und rollte sich auf den Rücken. Stand wieder auf und verbeugte sich vor der Ziege.

Die Ziege verstand. Sie hüpfte auf Michigan zu.

Michigan schoss davon. Die Ziege stemmte die Vorderhufe auf den Boden und trat mit den Hinterbeinen aus.

Der Hund und die Ziege tollten herum.

»Das ist wie eines dieser YouTube-Videos über unwahrscheinliche Tierfreundschaften«, sagte Bobby.

»Besser«, sagte Lisa.

Ein Laster vom Zoo fuhr heran, vier aufgeregte Zoowärter stiegen aus, hinten auf der Ladefläche stand ein Käfig. Zwei Polizisten hielten die Menschen von der Ziege fern. Einer der Zoowärter hatte ein Gewehr.

»Schafft mal jemand den Hund aus dem Weg.«

»Sie werden sie doch nicht erschießen«, sagte Kid.

»Das ist ein Betäubungsgewehr«, sagte der Zoowärter.

»Muss das sein?«

»Eine Bergziege wird nicht einfach in einen Käfig marschieren«, sagte Dr. Lomp.

»Ganz genau erfasst«, sagte der Zoowärter.

Joff rief Michigan zu sich. Er kam sofort zu ihm gerannt.

Manchmal sagen Menschen, die Stadt sei wild. Aber vor allem war eine Stadt eine Ansammlung von Menschen. Kleinere Tiere kamen damit zurecht. Kleinere Tiere konnten auch kleine Reviere in eine Wildnis verwandeln.

Große wilde Tiere konnten das nicht.

Der Zoowärter schoss den Pfeil ab.

Die Ziege zuckte zusammen und schaute hoch. Fraß weiter. Fiel auf die Knie. Kippte um.

Will schnappte nach Luft. Kids Hand fuhr an ihr Herz. Wills Hand fuhr vor seinen Mund. Kid streckte die andere Hand aus und tastete nach Wills. Er ergriff sie.

Ein Zootierarzt untersuchte den Herzschlag der Ziege und nickte. Die Wärter schleppten die schlaffe Ziege in den Käfig und luden den Käfig hinten auf den Laster. Sie verriegelten die Ladeklappe und fuhren ab.

»Da war wirklich eine Ziege«, sagte Lisa.

»Dann werden wir wohl jetzt alle glieben Sahre Jück haben«, sagte Bobby.

»Kommen wir damit überhaupt klar?«, fragte Lisa. Bobby stieß sie mit der Hüfte an.

Kid und Will ließen ihre Hände los.

»Wo ist Cat?«, fragte Kid.

Gerade hatte sie noch neben Bobby gesessen.

»Ca-hat«, rief Kid.

»Ca-hat«, rief Will.

»Die grausame Lady Catherine«, sagte Dr. Lomp.

Cat kam durch die Menschenmenge auf sie zu, die sich allmählich wieder zerstreute, und trug eine Ratte im Maul.

»Lass sie fallen«, sagte Dr. Lomp streng. Cat ließ die Ratte fallen.

»Du bist dran«, sagte Bobby und nestelte in der Jackentasche nach einer Hundetüte.

Lisa nahm die Tüte, holte tief Luft und hob die Ratte auf.

»Wir sammeln Ratten auf! In New York!«

Als Kid die Augen verdrehte, erhaschte sie Blicke auf Ge-

156

sichter – Freunde und Nachbarn und Fremde, auf Verkehr und Bäume und den Himmel.

Und da drüben stand das Haus, in dem Doug wohnte. Jetzt ohne Ziege, aber viel mehr wie ein Zuhause.

## Danksagung

Dank an Kate, weil sie an den richtigen Stellen gelacht hat, an Jaqueline, weil sie jede Woche gefragt hat, ob das Buch schon fertig sei, und an Cindy für ihre fortwährende Unterstützung. Ich danke außerdem meiner Lektorin Shelley Tanaka für ein scharfes Auge, ein geschicktes Händchen und einen weisen Geist.

**Anne Fleming** wuchs in Toronto auf und lebt heute in Vancouver. Wenn sie nicht selbst Romane verfasst, unterrichtet sie Kreatives Schreiben an der Universität, fährt Langlaufski oder spielt Ukulele. *Ziegen bringen Glück* ist ihr erstes Kinderbuch.

© Martin Dee

**Ingo Herzke** wuchs in einem Dorf im südlichen Niedersachsen auf. Er hat Klassische Philologie, Anglistik und Geschichte in Göttingen und Glasgow studiert und sich durch zahlreiche Übersetzungen von Büchern für Kinder und Erwachsene einen Namen gemacht. Er lebt mit seiner Frau und seinen zwei Kindern in Hamburg.

© Herwig Lührs

Carlsen-Newsletter: Tolle Lesetipps kostenlos per E-Mail!
Unsere Bücher gibt es überall im Buchhandel und auf carlsen.de.

Alle deutschen Rechte bei Carlsen Verlag GmbH, Hamburg 2019
Originalcopyright © 2017 by Anne Fleming
Originalverlag: Groundwood Books Ltd, 128 Sterling Road, Lower Level,
M6R 2B7 Toronto, Canada
Originaltitel: The Goat
Aus dem Englischen von Ingo Herzke
Umschlagillustration und Vignetten: Philip Waechter
Lektorat: Rebecca Wiltsch
Umschlaggestaltung: formlabor
Herstellung: Karen Kollmetz
Satz: Dörlemann Satz, Lemförde
Druck und Bindung: GGP Media GmbH, Pößneck
ISBN: 978-3-551-55382-9
Printed in Germany